KB095351

_____ 님의 소중한 미래를 위해
이 책을 드립니다.

평범한 29세 직장인은
어떻게 3년 만에 **아파트 10채**의 주인이 됐을까?

평범한 29세

직장인은 어떻게 3년 만에

아파트 10채의

주인이 됐을까?

승호 지음

메이트북스

메이트북스 우리는 책이 독자를 위한 것임을 잊지 않는다.
우리는 독자의 꿈을 사랑하고,
그 꿈이 실현될 수 있는 도구를 세상에 내놓는다.

평범한 29세 직장인은
어떻게 3년 만에 아파트 10채의 주인이 됐을까?

초판 1쇄 발행 2019년 2월 15일 **| 지은이** 승호
펴낸곳 ㈜원앤원콘텐츠그룹 **| 펴낸이** 강현규 · 정영훈
책임편집 안미성 **| 편집** 김하나 · 이수민 · 김슬미
디자인 최정아 **| 마케팅** 한성호 · 김윤성 **| 홍보** 이선미 · 정채훈
등록번호 제301-2006-001호 **| 등록일자** 2013년 5월 24일
주소 04778 서울시 성동구 뚝섬로1길 25 서울숲 한라에코밸리 303호 **| 전화** (02)2234-7117
팩스 (02)2234-1086 **| 홈페이지** www.matebooks.co.kr **| 이메일** khg0109@hanmail.net
값 16,000원 **| ISBN** 979-11-6002-209-4 03320

이 도서의 국립중앙도서관 출판시도서목록(CIP)은 e-CIP홈페이지(http://www.nl.go.kr/ecip)에서
이용하실 수 있습니다.(CIP제어번호 : CIP2019002129)

투기꾼은 '집값이 얼마나 오를 수 있을까' 생각하고
승부사는 '내가 여기다 뭘 할 수 있을까' 생각한다.

· 도널드 트럼프(미국 45대 대통령) ·

자수성가를 꿈꾸는
직장인들을 위해

우리는 대학에 가기 위해 초등학교 6년, 중학교 3년, 고등학교 3년 동안 죽어라 공부한다. 그렇게 대학에 간 뒤, 대학 공부를 마치고 꿈에 그리던 직장에 바로 취업이라도 되면 정말 다행이다.

하지만 대한민국은 사상 최고의 취업난을 겪고 있다. 초·중·고·대학까지 16년을 공부해도 취업하기가 쉽지 않다. 취업을 준비하는 취준생 때는 취업만 하면 모든 것이 다 해결될 것 같다. 하지만 그렇게 힘들게 취업하고 나면 정말 모든 것이 다 해결되던가? 이 책을 읽는 사회 초년생들이라면 한마음 한뜻으로 "아니다"라고 대답할 것이다.

혹시 무엇 때문인가? 직장에 다니고 월급을 받고 있음에도 연애하기가, 결혼하기가, 내집을 마련하기가 불가능한 게 무엇 때문인가? 그 이유는 바로 '돈' 때문이다. 나름의 꿈과 목표를 이루기 위해서 힘들게 공부하고 취업까지 했는데 부족한 '돈' 때문에 모든 것이 부질없게 느껴지고 또다시 좌절을 맛보게 된다.

물론 돈이 삶의 전부는 아니다. 돈과 비교할 수 없는 삶의 소중한 가치들이 있다.

하지만 어느 정도의 돈은 우리 삶을 조금 더 편하고 윤택하게 해준다. 결혼을 하고 아이를 낳고 행복하게 사는 미래는커녕 힘들게 직장을 다녀도 앞으로의 삶이 더욱 막막하게만 느껴지는 이 현실을, 내 미래를 돈이 조금은 더 밝아지게 해준다. 그래서 나도 돈을 벌기 위해 발버둥쳤다.

돈을 벌기 위한 방법을 고민하다가 내가 선택한 것이 부동산, 그중에서도 '아파트'였다. 우리나라 사람들의 자산 구조에서 부동산이 차지하는 비중은 다른 나라에 비해 훨씬 높은 편이다. 그만큼 부동산에 대한 관심이 높고 돈이 많이 몰리는 분야라는 것이다.

백과사전에 '부동산'은 '토지 및 그 정착물'이라고 정의되어 있다. 즉 우리가 걸어 다니는 모든 땅과 그 위에 세워져 있는 모든 건물이 부동산이다. 그러다보니 부동산은 당연히 국민 개개인의 삶과도 밀접하고 국토 개발, 세금 같은 정부의 국가 운영과도 밀접할 수밖에 없다.

나는 부동산 중에서도 삶의 3가지 기본 요소인 의식주에 포함되는 '주택'을 택했고, 주택 중에서도 가장 수요가 많고 가격 상승률이 높은 '아파트'를 택했다. 독자들 중 절반 이상은 아파트에 살고 있을 테고, 아파트에 살고 있지 않은 독자 중에서도 아파트에 살고 싶어하는 사람이 많을 것이다. 주택시장의 구조 자체가 아파트로 수요가 쏠릴 수밖에 없게 되어 있다. 집 없이 살 수 없고 큰돈이 들어가는 만큼 주택에 대한 공부와 관심은 선택이 아니라 필수다.

물론 현재 정부에서 다주택자를 강하게 규제하고 있다. 그러다보니 예전에 비해 투자하기가 까다로워졌다. 하지만 역사는 반복

된다. 정부는 국내외 경기가 좋지 않은 요즘 상황에 국내 건설 경기마저 좋지 않기를 바라지 않는다. 정부가 마냥 억제정책만 내놓을 수는 없고, 완화정책을 내놓을 때가 오기 마련이다. 또한 정부가 다주택자에 대한 강한 규제 기조를 유지하는 지금도 가격이 강세를 보이는 곳이 있고, 상승을 준비하는 곳도 있다. 기회는 준비하는 자에게만 온다.

나도 부족한 개인 투자자일 뿐이고 내가 가진 지식들은 아직 턱없이 부족하다. 그럼에도 지금까지 쌓아온 지식과 노하우들을 이 책 한 권에 모두 담을 수는 없다. 하지만 조금 먼저 공부하고 경험한 사람으로서 아파트투자에 필요하다고 생각되는 마인드, 투자 방법, 공부 방법들에 대해 쉽게 풀어놓으려고 했다. 다만 이 책 앞부분에는 현재 내 삶의 태도, 마음가짐, 그 마음을 가지게 된 이유를 적었고, 그 모든 것이 연결되어 만들어진 내 삶의 방식이 아파트투자까지 이어지게 된 이야기를 담았다.

단순히 아파트에 투자해서 돈을 벌게 된 것뿐만 아니라 작가라는 새로운 꿈을 이루었고, 앞으로 삶을 기대와 설렘으로 기다리게 되었다. 아파트투자를 계기로 내 삶 자체가 바뀌었다.

작은 소망이 있다면, 이 책을 통해 독자들이 용기를 내어 경제적 자유, 삶의 질적 성장이라는 꿈의 출발점에 설 수 있는 첫 연결고리가 되기를 바란다.

삶의 모든 것은 연결되어 있다. 나의 학창 시절, 내가 살아온 환경, 내가 읽은 책 등 지금까지 나를 스쳐지나간 모든 것이 연결되어 지금의 나를 만들었다. 그러므로 지금 이 순간을 소중히 여기고 꿈을 좇아야 한다. 시간을 낭비해서는 안 된다.

3년 전의 나도 독자들과 같았다. 박봉을 받으며 평범한 직장에 다니는 사회 초년생이었지만, 지금은 많이 달라졌다. 앞으로도 계속 달라질 것이다.

이 책은 내가 지난 3년간 아파트에 투자하면서 쌓은 지식과 경험들을 공유함으로써 사회 초년생들이 열정적이었던 자신의 진정한 모습을 되찾고, 미래에 대한 절망 대신 희망을 가지길 바라는 마음으로 썼다. 모두들 부디 자기 삶을 행복으로 이끌어가는 인생의 주인공이 되기를 바란다.

끝으로 자기계발에 집중할 수 있도록 항상 옆에서 힘이 되어주는 사랑하는 아내, 세상에서 가장 존경하는 아버지와 가족들, 막연했던 투자의 세계에서 항상 길이 되어주신 부동산차트연구소 안동건 대표님, 작가라는 또 하나의 꿈을 이룰 수 있게 도와주신 책과강연 이정훈 대표님, 김태한 코치님께 진심으로 감사한 마음을 전하고 싶다.

승호

1장 나는 아파트투자로 세상 보는 눈이 달라졌다

2장 아파트투자, 어떻게 시작해야 하나?

3장 나는 아파트에 이렇게 투자했다

4장 아파트 실전투자를 위한 완벽한 공부법

5장 20대의 당찬 아파트투자 사례

6장 초보 투자자들에게
당부하고 싶은 이야기

『평범한 29세 직장인은 어떻게 3년 만에 아파트 10채의 주인이 됐을까?』 저자 심층 인터뷰

'저자 심층 인터뷰'는 이 책의 주제와 내용에 대한 심층적 이해를 돕기 위해 편집자가 질문하고 저자가 답하는 형식으로 구성한 것입니다.

Q. 『평범한 29세 직장인은 어떻게 3년 만에 아파트 10채의 주인이 됐을까?』 책을 통해 독자들에게 전하고 싶은 메시지가 무엇인지 말씀해주세요.

A. 이 책은 지극히 평범한, 실은 조금은 힘든 집안에서 자라온 제가 직장생활을 하면서 쉬는 날마다 공부하고 투자하며 경험한 일들을 쓴 책입니다. 3년의 시간 동안 10채의 아파트에 투자하면서 경제적으로도 여유가 생겼지만, 제 삶이 나아가야 할 방향과 삶에 대한 태도 자체가 바뀌었고 열정적이고 행복한 삶을 살 수 있게 되었습니다. 20대의 제가 해냈습니다. 누구나 가능합니다. 평범할수록 시작해야 합니다.

Q. 시중에 부동산 재테크, 아파트투자 관련 도서들이 많이 있습니다. 『평범한 29세 직장인은 어떻게 3년 만에 아파트 10채의 주인이 됐을까?』만이 가지는 차별화된 장점은 무엇인가요?

A. 뭐든지 처음 시작이 어렵습니다. 막상 시작하고 보면 별것 아닌 것을 알게 되고 실력 향상에 가속도가 붙기 마련이죠. 이 책은 3년 전 제가 처음 부동산 공부를 시작하던 때를 생각하며 처음 투자를 시작하려는 사람들에게 최대한 공감하며 쓰려고 노력했습니다. 누구나 따라 할 수 있도록 쉽게 쓰려고 했지만, 그럼에도 아파트투자에 반드시 필요한 뼈대 같은 내용을 담았습니다. 책을 보고 차근차근 따라 하다 보면 어느덧 본인도 투자자의 모습에 한층 가까워져 있을 것입니다.

Q. 일본은 인구 성장률이 둔화되고 급격히 노령화되면서 부동산 침체를 경험했습니다. 그런데 인구 감소로 인해 아파트 가격이 하락하는 것이 아니라고 하셨습니다. 자세한 설명 부탁드립니다.

A. 홍춘욱 애널리스트의 말에 의하면 일본과 같이 베이비붐 세대가 은퇴하면서 경제활동인구가 급격히 줄어드는 인구 성장률 둔화를 경험한 나라 중에 실제 장기 불황을 겪은 나라는 일본이 유일하다고 합니다. 미국, 독일, 영국 등 베이비붐 세대 은퇴를 직접 경험한 대부분의 나라는 나라별로 부동산·주식 가격 상승률은 다르지만 대체적으로 침체가 아닌 경제 성장을 보였

다고 합니다. 이는 경제 전망을 '인구'라는 단일 변수로 판단할 수는 없음을 반증합니다. 그리고 실제 지역별 아파트 가격은 수급, 정책 등 비교적 단기적인 요인에 의해 가격이 움직이고 '인구'라는 장기적인 통계와는 상관관계가 적습니다.

Q. 내집 마련에 앞서 투자가 먼저라고 하셨습니다. 선 투자에 앞서 어떻게 대비하고 준비해야 하는지 설명해주세요.

A. 결혼 전의 사회 초년생들은 대부분 내집을 마련할 정도의 돈이 없습니다. 그렇기 때문에 선 투자를 통해 내집을 마련할 돈을 모아야 한다는 것입니다. 다만 선 투자보다 더 먼저 해야 할 것이 올바른 소비습관을 통해 '종잣돈'을 모으는 것과 '미리 공부'를 하는 것입니다. 미리 준비되어 있지 않으면 기회를 잡을 수 없습니다. 실패하지 않는 투자를 위해 공부하고 미리 준비해 기회를 놓치지 않도록 종잣돈을 모아 두어야 합니다. 항상 미래를 내다보고 큰 그림을 그려야 합니다. 자신의 미래를 위해 충분한 시간과 노력을 투자해야 합니다.

Q. 재테크에 있어서 펀드나 주식투자보다는 '아파트투자'라고 하셨습니다. 그 이유는 무엇인가요?

A. 흔히 '고위험 고수익' 재테크라고 하는 주식과 펀드매니저에게 내 돈을 맡겨야 하는 펀드는 살면서 해도 되고, 하지 않아

도 됩니다. 하지만 아파트를 포함한 '주택'은 우리가 살면서 반드시 필요한 존재입니다. 대부분의 서민은 '좋은 집'에서 한 번 살아 보기 위해 열심히 일하고 돈을 모읍니다. 그렇게 평생의 큰 자산이 들어가는 '집'에 대한 공부는 선택이 아닌 '필수'입니다. 또한 수익률 측면에서도 부동산은 '레버리지'를 이용하기 때문에 부동산 전체 가액 대비 투자금은 적게 들어가는 반면, 가격이 오를 때는 전체 가액에 대비해서 오르기 때문에 수천만 원에서 수억 원씩 상승합니다. 따라서 훨씬 빠른 속도로 큰 자산을 구축할 수 있습니다.

Q. 자신에게 맞는 투자 방법이 있다고 하셨습니다. 자기 성향에 맞는 투자 방법을 어떻게 찾아야 하는지, 또 그에 따른 부동산투자 전략에 대해 자세한 설명 부탁드립니다.

A. 아파트에 앞서 부동산에는 수익형 부동산과 시세 차익형 부동산이 있습니다. 은퇴, 퇴사를 앞둔 중·장년층 분들은 월급으로 충당하던 생활자금이 부족해지기 때문에 종잣돈을 이용해 오피스텔, 상가와 같은 수익형 부동산에 투자를 함으로써 안정적인 월세를 받을 수 있도록 해야 할 것입니다. 하지만 생활 자금에 문제가 없거나 현재보다는 미래의 경제적 여유를 목표로 하는 사회 초년생, 직장인 분들은 아파트, 토지와 같은 시세 차익형 부동산을 통한 자산 증식에 초점을 맞추어야 합니다.

Q. 아파트투자에서 가장 중요한 것은 가격의 흐름입니다. 아파트 가격의 흐름을 파악할 수 있는 구체적인 전략을 알려주시기 바랍니다.

A. 4장 'KB부동산, 한국감정원 통계로 현재 흐름 파악하기'를 참고하시기 바랍니다. 아파트의 매매·전세 가격이 흘러가는 큰 흐름을 알고 KB부동산, 한국감정원, 미분양 수치 등으로 지역별 현재 흐름과 입주물량을 통해 향후 지역별로 펼쳐질 수급 현황을 살펴볼 수 있습니다. 이러한 데이터를 통해 지역별로 흐름을 파악하고 나아가 정부의 정책, 거시경제 상황 등을 고려한다면 아파트 가격의 흐름을 파악하는 데 많은 도움이 될 것입니다.

Q. 많은 부동산 전문가가 역세권 소형 아파트에 투자하라고 하는데, 책에서는 '무조건 역세권 소형 아파트가 답은 아니다'라고 하셨습니다. 그 이유는 무엇인가요?

A. 아파트투자에 있어서 가장 중요한 것은 수요·공급에 따른 가격의 흐름입니다. 1인 가구가 점점 늘어나는 시대, 출퇴근에 가장 큰 영향을 끼치는 지하철, 2가지를 모두 충족시키는 것이 바로 역세권 소형 아파트입니다. 이러한 역세권 소형 아파트에 대한 수요가 많을 수는 있지만 그 수요보다 더 많은 양의 소형 아파트가 공급된다면? 수요자들은 새로 공급되는 양질의 소형 아파트를 더욱 선호하게 될 것이고 기존의 역세권 소형 아파

트의 가격은 하락하게 될 것입니다. 3장의 '무조건 역세권 소형 아파트에 투자하라고?'를 보면 가격이 곤두박질치는 역세권 소형 아파트의 사례를 보실 수 있습니다.

Q. 살기 좋은 아파트와 투자하기 좋은 아파트에 차이가 있다고 하셨습니다. 투자하기 좋은 아파트의 핵심 조건들에 대해 알려주시기 바랍니다.

A. 아파트 내 로열동, 로열층, 남향인 아파트가 좋다는 것은 누구나 알고 선호합니다. 대신 그만큼 가격도 대략 10%가량 더 비쌉니다. 반면에 전세 가격은 상대적으로 가격 차이가 적습니다. 물론 집 상태에 따라 차이가 있겠지만 로열층과 탑층, 저층/남향과 동향, 서향의 매매 가격 차이에 비해 전세 가격의 차이는 크지 않습니다. 같은 가격이라면 당연히 좋은 것을 선택해야 합니다. 하지만 투자자 입장에서 층이 좋지 않거나 방향이 좋지 않다고 해서 무조건 투자를 보류할 필요는 없고 오히려 수익률을 극대화할 수도 있다는 것입니다.

Q. 아파트에 투자하려고 하는 독자들, 특히 직장인들에게 당부의 한 말씀 부탁드립니다.

A. 재테크에 관심을 가지고 중산층 진입, 자수성가라는 꿈을 꾸는 사람들 대다수는 '직장인'일 것입니다. 힘들게 일하고 매달 꼬박꼬박 월급을 받긴 하지만 그것만으로는 턱없이 부족한 현실,

각박한 현실에서 벗어나고 싶은 마음과 한 번쯤은 꿈꿔본 경제적 자유를 누리는 삶에 대한 희망을 마음속 깊은 곳에 항상 가지고 있기 때문입니다.

지극히 평범했던 20대 직장인인 저도 해내고 있습니다. '자수성가'라는 단어를 남의 일로만 생각하셨던 독자들께서는 이 책을 통해 반드시 첫발을 내딛고 누구나 자수성가할 수 있음을 스스로 증명해 보이시길 바랍니다.

1. 네이버 검색창 옆의 카메라 모양 아이콘을 누르세요.
2. 스마트렌즈를 통해 이 QR코드를 스캔하면 됩니다.
3. 팝업창을 누르면 이 책의 소개 동영상이 나옵니다.

실패하지 않는 투자를 위해 공부하고 미리 준비해

기회를 놓치지 않도록 종잣돈을 모아두어야 합니다.

항상 미래를 내다보고 큰 그림을 그려야 합니다.

2015년 20~30대들이 힘든 경제 사정으로 인해 연애 · 결혼 · 출산 3가지를 포기하는 '3포 세대'라는 단어가 언론에 나돌았다. 이후 5포 세대, 7포 세대, 포기할 것이 너무 많은 N포 세대라는 용어까지 생겼다. 저자 또한 불과 3년 전까지 N포 세대들과 전혀 다를 바가 없는 평범한 사회초년생이었다. 월급을 꼬박꼬박 모아도 현실은 티끌 모아 티끌이었다. 저자는 과거 간절히 꿈꾸던 바를 이루었을 때 진정한 자신의 모습을 되찾고 돈을 벌기 위해 발버둥쳤다. 결국 3년 만에 아파트 10채에 투자를 하며 경제적인 여건 개선뿐만 아니라, 부동산을 통해 세상 사는 법을 배워가고 있다. 젊은 청년의 간절했던 삶의 스토리에 빠져보자.

1장

나는 **아파트투자**로
세상 보는 눈이 달라졌다

나도 3년 전까지는
평범한 사회 초년생이었다

3년 전까지 너무나도 평범한 사회 초년생이었던 내가
막막했던 현실을 극복해나가고 있는 비결은 무엇이었을까?

나는 29세 평범한 직장인이다. 우리 집은 지독하게 가난하지도 않았지만 그렇다고 넉넉하지도 않았다. 너와 나, 우리라는 일상의 궤적 안에서 서로 발걸음을 좇으며 살아왔다. 내일을 보며 달렸지만 아무도 미래를 생각하지 않았다. 가정에서도, 직장에서도 그런 미래는 우리가 꿈꿀 수 있는 것이 아니라고 생각하는 분위기 속에서 살았다.

나는 아버지를 진심으로 존경한다. 아버지는 평생 한 번도 쉬지 않고 몸이 닳을 정도로 오로지 가족을 위해 희생하며 살아오셨다. 무엇보다 마음의 병이 있는 어머니 때문에 아버지의 삶은 더 무거

윘을 것이다. 그런 아버지를 생각하면 늘 마음에 구멍이 난 것처럼 헛헛하다.

몇 년 전 아버지가 지방에서 일하다가 뇌경색으로 쓰러지셨다. 나는 그때 아버지가 우는 모습을 처음 보았다. 침상에 등을 기댄 채 내가 떠주는 죽을 드시다가 당신 처지에 허무함을 느끼셨는지 흐느끼며 하신 말씀이 가슴을 송곳처럼 찔렀다.

"지금까지 앞만 보고 달려왔는데…." 그때만 생각하면 눈물이 난다. 한순간 작아져버린 아버지 모습이 안타까웠다. 아버지는 거동할 수 있을 정도로 회복되자 다시 일터에 나가신다. 살아내야 하는 현실이 어른이 되어가면서 훨씬 잔인하고 지독하기만 하다. 이런 세상이 어떻게 아름다울 수 있을까?

아버지의 삶을 지켜보면서 '나도 평생 돈에 매여 살아가야 하는가?' 하는 두려움이 생겼다. '돈에 쫓기지 않고 사랑하는 사람들과 함께 즐기면서 사는 방법은 정말 없을까? 우리 같은 사람들은 그런 희망을 품으면 안 되는가?' 이런 물음이 29세에 아파트 10채를 소유한 오늘의 나를 만들었다. 투기를 하는 것이 아니라 아파트 가격이 움직이는 본질을 이해하려 노력하고 위험을 최소화한 투자로 꿈을 이룰 수 있다는 것을 지난 3년 동안의 공부에서 여실히 깨달았다.

현실은
티끌 모아 티끌

나는 전역한 뒤 친구들보다 조금 이른 나이에 취직했다. 23세에 취직해서 6년째 직장생활을 하고 있다. 보통의 사회 초년생들처럼 복사를 하고 서류를 정리하며 통장을 훑고 지나가는 월급을 받았지만 감사하게 생각하며 살았다. 조직 안에서 최선을 다하면 내 삶도 좋아질 것이라는 막연한 희망이 있었다.

조금씩 나 자신에 대한 신뢰를 쌓아가며 회사에서 중요한 프로젝트를 맡게 되었다. 그러나 사실 내가 맡기에는 부담스러운 업무였다. 그러다보니 극심한 스트레스와 압박감에 일시적으로 저혈당이 왔다. 눈만 감으면 업무에 대한 두려움이 밀려와 한동안 악몽에 시달려야만 했다. 결국 몸에 무리가 와서 프로젝트에서 빠지게 되었다.

순간 회사생활에 회의가 밀려왔다. 해가 몇 번 바뀌었어도 월급은 한 달을 겨우 살아낼 만큼만 주어졌다. 참 야박하다 싶을 만큼 회사는 한 달살이 월급 계산이 정확했다. 취직하면서 그나마 돈을 벌게 되니 하고 싶은 일들이 많았다. 자동차도 사고 싶었고, 연애도 하고 싶었다. 그렇다고 돈을 함부로 쓸 수는 없었다. 생활비로 들어가는 돈을 제외하고는 모두 적금을 넣기 시작했다. 1년에 1천만 원, 어떤 해에는 1,500만 원 정도를 모으기도 했다.

당시 직장생활을 하면서 1년 남은 대학 과정을 이수하는데 학교, 직장, 집이 전부 멀었다. 그래서 아버지에게 800만 원을 빌리고 내 돈을 조금 보태 920만 원짜리 중고차를 샀는데 세금을 포함하니 1천만 원이 들었다. 1년 동안 월급을 아껴서 1천만 원 정도 모았지만 아버지에게 빌린 돈을 갚고 자동차 대금에 대학 등록금으로 돈이 빠지니 수중에 고작 200만 원이 남았다. '이래서 언제 연애하고 언제 결혼하지? 결혼해서 살 집은 무슨 돈으로 구하지? 나도 아버지처럼 평생 일만 하면서 힘들게 살아야 하나?' 하는 안 좋은 생각들이 자꾸 들었고, 힘든 회사생활보다 막막한 현실에서 오는 자괴감이 나를 괴롭혔다.

꼬박꼬박 나오는 월급을 적당히 모은 뒤 결혼해서 조그만 전셋집 하나 얻어 소박하게 살라는 주변 사람들의 말이 나는 듣기 싫었다. 현실에 안주하고 그저 그렇게 살아가려는 그 사고방식이 싫었다. 아버지를 존경하지만 훗날 내 아이가 나를 오로지 가족을 위해 희생하는 아버지로 기억하도록 하고 싶지 않았다.

평범하게 산다는 것이 말이 좋아 욕심 없이 사는 거지 속내는 다르다는 것을 나는 알고 있었다. 돈 있는 사람들을 보면 "금수저네, 부모 잘 만났네, 사기꾼이네" 욕하면서도 속으로는 부러워한다는 것을 알았다. 부유하게 살 수 없다고 스스로 그어버린 한계선이 사람들의 삶을 부정하게 만든다. 그들이 견디기 위해 할 수 있는 최선은 부자를 나쁜 인간으로 만드는 것뿐이었다. 나는 그렇게 살기 싫었다. '나라고 떵떵거리면서 어깨 펴고 여유 있게 살면 안 되는 이유가 있는가'라는 생각이 들었고, 마음 한편에 항상 있던 그 생각이 나를 투자의 세계로 이끌었다.

명문대 갈 만큼
머리가 좋을 필요는 없다

나는 지금도 평범한 직장에 다니는 29세 직장인이다. 하지만 3년 전과 지금의 나는 많은 부분에서 달라졌다. 사랑하는 이와 연애 끝에 2018년 많은 사람의 축하와 축복 속에서 행복하게 결혼해 잘살고 있다. 그리고 2018년 12월 그 누구의 금전적 도움도 없이 오로지 내가 모은 돈으로 마련한 115㎡(35평) 새 아파트에서 신혼살림을 꾸렸다.

나는 아파트투자로 지금까지 아파트를 10채 소유했는데, 대부분 지금도 소유하고 있으며 앞으로 더 늘려갈 계획이다. 또래들이 월급을 받으면 꼬박꼬박 적금을 넣어 돈을 모으는 동안, 나는 아파트투자로 조금 더 많은 자산을 모았다.

3년째 아파트투자를 해오던 어느 날 문득 내 친구들, 또래 동료들을 보며 여러 가지 생각이 들었다. 내가 아파트에 투자하는 것을 보고 조금씩 관심을 보이는 친구도 있지만, 3년 전 처음 부동산을 접하면서 내가 느꼈던 것처럼 무엇부터 어떻게 시작해야 할지 몰라 포기하는 친구도 있었다. 그 친구들은 나를 보고 대단하다며 부러워했다.

하지만 나는 안다. 이 일을 하는 데 명문대학에 들어갈 만큼 공부를 잘할 필요도 없고, 뛰어난 감각이 필요한 것도 아니라는 사실을 말이다. 조금 먼저 시작했을 뿐이고, 목표가 있기 때문에 꾸준히 할 뿐이다.

아파트투자로 자산 불리기를 먼저 시작한 사람으로서 바람이 있다. 이제 막 관심을 갖고 공부하려는 20대, 30대 사회 초년생들이 내가 했던 것들을 바탕 삼아 조금 더 쉽게 투자에 성공해 시간적·경제적으로 여유 있는 삶을 살아가는 데 도움이 되는 것이다. 이것이 바로 내가 이 책을 쓰게 된 계기다.

나는 현재진행형 투자자이고, 지난 3년간 해왔던 것 이상으로 앞으로 넓고 깊게 부동산에 대해 공부할 것이다. 그렇게 성공한 투자자가 되어 사랑하는 사람들과 행복한 삶을 즐기면서 살아갈 것이다. 나처럼 아파트투자에 성공해 여유 있고 희망 찬 삶을 살아가고자 하는 사람들에게 이 책이 조금이나마 도움이 되길 바란다.

꿈은 이루라고
있는 것이다

이 책에서는 아파트투자 전략을 다루었지만 꿈을 이루고자 하는
간절함이 없다면 그 어떤 분야에서도 성공할 수 없다.

　　　　　　　　이 책은 아파트를 이용한 투자, 재테크
관련 서적이다. 당신이 지금 이 책을 읽는다면 불리한 환경을 아
파트라는 부동산투자로 극복하고 싶기 때문일 것이다. 이 칼럼에
서는 꿈과 목표 이야기를 하겠다.

　진부하게 들릴지 모르겠으나 간절하게 원하고 노력해서 꿈을 이
루어본 사람은 안다. 성공한 사람들이라면 빼놓지 않고 하는 이야
기가 있다. "간절한 마음으로 노력하라. 반드시 이룰 것이다." 목표
를 이루고 싶다면 방법을 배우기에 앞서 방향을 명확히 정하자. 방
향을 명확히 세울 때 눈동자에 선명한 미래가 그려질 것이다.

내 삶의 방식을 통째로 바꾼
작지만 큰 사건

나는 군 복무 시절 자기계발서를 탐독했다. 비슷비슷한 내용이 되풀이되어 자기계발서가 지겹다는 사람들도 있지만, 나는 같은 이야기를 반복해서 읽으며 오히려 성공의 원리는 같다는 것을 확신할 수 있었다. 결국 비슷한 이야기가 나올 수밖에 없다. 성공한 결과의 모습은 달라 보이지만 그 과정은 모두 같았다. 오히려 이러한 확신이 성공 방향을 잡는 데 도움이 되었다. 시행착오를 겪을 필요 없이 그들의 방법을 따르면 되었으니까 말이다. 그들은 이렇게 말했다. "상상하라. 끊임없이 상상하고 믿고 또 믿어라!"

훈련소에서 교육받는 동안 반복되는 피곤한 일상 속에서 내가 특별히 할 수 있는 것은 없었다. 3주 뒤 자대 배치 때 '집에서 가까운 부산으로 갔으면' 하고 바랐다. 내가 나온 부대는 육군 헌병 소속 대테러 부대로, 부대원은 주로 서울 남태령에 있는 수방사(수도방위사령부)로 배치되었다.

당시 교육기관에는 일반 헌병 소속 교육생 80여 명과 특별경호대(특경대) 소속 18명을 포함해 100여 명이 있었는데 일반 헌병 중 7명, 특경대 중 1명 해서 총 8명만 부산으로 갈 수 있었다. 선정은 무작위 추첨방식으로 했다. 지금 생각하면 막연하고 단순한 생각이었지만 당시 나는 성공 방정식이 담긴 책들을 읽은 뒤 3주 동안

하루도 빠지지 않고 더블백을 메고 부산 가는 기차를 타는 상상을 했다.

그렇게 3주가 흘렀고 자대 배치를 발표하는 순간이 되었다. 부산으로 갈 명단을 부르는데 내 이름이 나오지 않아 실망하려는 순간 마지막으로 내 이름이 불렸다. 3주 동안 내가 간절히 원했다는 것을 알고 있던 동기가 놀라며 축하해주었다. 이 작은 사건이 변화의 시발점이 되었다. 이때 방법과 기술보다 진실한 마음이 먼저라는 것을 깨달았다.

사실 터무니없고 말도 안 되는 일이며, 운이 좋아 우연히 맞아떨어졌다고 할 수도 있다. 그러나 믿고 행동한 사람과 부정적으로만 보는 사람 사이에는 삶의 격차가 벌어질 수밖에 없다. 이 사건이 내 삶을 통째로 바꾸는 계기가 되었고, 이후 내가 직장에 들어가는 데까지 많은 영향을 미쳤다. 그리고 아파트투자로 성공적인 결과를 만들어내는 데도 큰 힘이 되었다.

간절히 원하던 꿈을 이룬
가장 소중한 경험

나는 6년 차 직장인이다. 요즘 들어 회사에 나보다 나이가 적은 직원들이 가끔 보이는데, 불과 얼마 전까지만 해도 나는 직장에서 나보다 어린 직원들을 거의 보지 못했다. 합격자 역사상 최연소로 입사했기 때문이다. 군대에 있으면서부터 이 회사에 들어가겠다는 꿈을 키웠고, 매일 저녁 운동하고 난 뒤 밤마다 두 시간씩 공부하며 준비했다. 2011년 11월 27일 전역한 뒤 2012년 3월쯤 1차 시험에 응시했는데 운 좋게 합격했다. 단기간에 합격하기가 쉽지 않은 시험이었기에 기존에 오래 준비해온 사람들은 1차 합격도 쉽지 않을 것이라고 했었다.

운 좋게 1차에서 합격했지만 전역 후 준비가 미흡했던 나에게는 2차 시험이 더 큰 관문이었으므로 2차 시험을 보는 날까지 약 한 달간 집밖으로 나가지 않았다. 하루 2~3시간만 잠을 자고 나머지 시간은 허벅지와 눈 밑을 꼬집으면서 공부했고, 마침내 당당하게 2차 시험에 합격했다. 이후 3차 면접까지 무난하게 통과해 최연소로 합격하게 되었다. 보통 2~3년, 길게는 7~8년까지 준비하는 수험생들에 비해 군대 전역 후 4개월여 만에 1차 시험을 시작으로 최종 합격까지 이루어낸 것이다.

당시 나는 내 방이 없었으므로 잠시 집을 비운 누나 방에서 공부했는데 '2012년 최종 합격자 승호, 하면 된다? 해야 한다! 할 수 있다! 지금 자면 꿈을 꾸지만 지금 공부하면 꿈을 이룰 수 있다'라는 문구를 벽에 붙여놓고 매일 합격을 간절히 기도하며 공부했다. 그 꿈이 초단기간에 이루어진 것이다. 모두 힘들 거라고 했지만 최종 합격자 발표가 있던 날 합격자 명단에 당당히 올라 있는 내 이름 석 자를 보는 순간 엄마와 부둥켜안고 펑펑 울었다. 간절히 원했던 만큼 노력했고, 그 꿈이 이루어졌을 때의 기분은 말로 표현할 수 없었다.

이렇게 다들 힘들 것이라고 말하는 꿈을 스스로 힘으로 이루어 본 나는 살아가면서 꿈과 목표를 정하는 것만이 원하는 삶을 살 수 있는 길이라 믿게 되었다. 나는 여전히 꿈을 꾸며 산다. 30세까지의 목표 자산이 있으며 34세, 40세, 50세까지 목표가 있다. 그리고 그 자산을 활용해 하고 싶은 일들이 있다. 또한 작가라는 또 하나의 꿈을 이루기 위해 지금도 도서관에서 집필하고 있다. 모든 목표를 이루기까지 많은 사람의 도움이 필요하고 또 쉽지 않겠지만 나는 당연히 이루어질 것이고 이룰 수 있다고 생각하며 한 걸음씩 앞으로 나아가고 있다.

아직 많은 것을 경험해보지는 못했지만 아파트든 땅이든 부동산으로 돈을 버는 게 쉬운 일이라고 생각하지 않는다. 하지만 이 책의 독자들은 분명 아파트투자에 대한 막연함에서 벗어날 수 있을 것이다. 구체적인 목표를 세우고 목표 지향적인 생활을 함으로써 시간적·경제적으로 여유 있는 삶, 꿈을 이루어나가는 삶을 살아가기를 바란다.

3포 세대? 5포 세대?
나랑 상관없는 일이다

연애, 결혼, 출산, 내집 마련, 인간관계, 꿈, 희망….
당신은 'N포 세대'가 아닌 '부'를 선택할 수 있다.

'청년 실업률 사상 최악.' '서민 생활 물
가 줄줄이 인상.' '결혼도 늦어지고 출산도 기피.' 경제 뉴스를 보
면 죄다 부정적인 내용뿐이다. 뉴스만 보면 희망적으로 살아가던
사람도 우울해질 것 같다.

그렇지만 우리는 뉴스를 제대로 봐야 한다. 기자들은 각종 정보
와 이슈를 빠르게 전달하기도 하지만 구독자를 늘리기 위해 많은
사실을 과장하는 경우도 있다. 뉴스를 볼 때는 그 속에서 객관적
인 정보만 받아들이고, 기자의 주관이 들어갔거나 과장된 표현은
배제할 줄 알아야 한다.

따라서 이런 기사 제목을 보고 우울해질 필요가 전혀 없다. 제로섬 법칙이라는 말을 들어보았는가? 모든 것을 더하면 제로(0)가 된다는 법칙이다. 누군가 돈을 많이 벌면 누군가는 잃게 되고, 이 기사처럼 힘들게 살아가는 청년들이 있는 반면, 행복하게 살아가는 청년들도 분명히 있다. 그런데 왜 내가 힘든 청년의 삶을 살아야 하는가?

당신은 부를 선택할 수 있다. 그 누구도 당신을 연민하지 않는다. 당신 홀로 당신 삶을 살아내야 하고 또 살아낼 수 있다.

당신만큼은 당신을
포기하지 마라

2015년 '3포 세대'라는 말이 신문지상을 장식했다. 경제사정이 어려워지면서 '연애, 결혼, 출산'을 포기한 20대, 30대 청년들을 일컫는 말이다. 이후 3포 세대에서 내집 마련, 인간관계까지 포기하는 5포 세대, 안타깝게도 꿈과 희망까지 포기하는 7포 세대가 생겼고, 지금은 포기할 것들이 너무 많아 N포 세대라는 말까지 생겼다고 한다.

베이비붐 세대인 아버지에게 "나라는 가난했어도 기회는 많았다"는 말을 종종 듣는다. 요즘은 "살기 어려운데 기회조차 없다"고들 한다. 하지만 반드시 그렇지만은 않은 것 같다.

2018년 6월 문화체육관광부에서 흥미로운 조사 결과를 발표했다. 국민 삶의 질에 대한 만족도를 조사한 것인데 전 연령대 중에서 20대가 삶에 대한 만족도가 가장 높게 나왔다. 이에 대해 정한울 한국리서치 여론전문위원은 "2030세대가 취업난 등으로 경제적 고통을 겪지만, 그 부담을 가구에 의존하는 경향이 사실상 커서 상대적으로 만족도가 높게 나왔다"라고 설명했다. N포 세대가 경제적으로 힘든 것은 사실이지만 스스로 극복해나가지 않고 가구에 의존한 채 만족하며 산다는 의미다.

정말로 청년들이 사회적 어려움을 극복하려는 노력을 하지 않는 것일까? 포기할 수밖에 없는 현실이 희망으로 가득 차야 할 청년들을 그렇게 만든 것은 아닐까? 치열한 경쟁 속에서 힘들게 취업해도 현실은 또다시 절망을 줄 뿐이다. 적은 월급과 비싼 집값 때문이다. 취업만 하면 다 가능할 것이라고 생각했던 연애, 결혼, 출산, 내집 마련이 더 큰 벽으로 앞을 가로막을 것이라고는 생각도 하지 못했을 것이다.

나 또한 마찬가지였다. 원하는 직장에 들어가서 원하는 일을 하고 연애를 해서 사랑하는 사람과 결혼해 행복하고 단란한 가정을 꾸리기를 꿈꾸었다. 하지만 현실은 냉정했다. 꿈을 이루기 위해 하루 2시간씩 잠을 자며 공부했고 매일 아침 꿈을 이룬 내 모습을 상상하며 하루하루 버텼으며 마침내 원하는 것을 얻었지만 행복은 잠시뿐이었다. 취업하고 나면 모든 것이 잘 풀릴 줄 알았지만 착각이었다. 월급은 박봉이고, 집값은 월급을 10년 동안 모아도 20년 된 아파트 전세 보증금도 되지 않는 게 현실이었다.

나는 예전부터 일찍 결혼해서 가정을 꾸리고 안정된 삶을 살고 싶었다. 하지만 어찌 보면 취업보다 더 궁극적인 삶의 목표일 수 있는 결혼을 언제쯤 할 수 있을지 가늠조차 할 수 없었다. 돈 때문이었다. 사랑하는 사람을 만난다 하더라도 돈 때문에 작아질 내 모습을 생각하니 연애도 하기 싫었다. 아마도 이런 마음에서 N포 세대라는 말이 생겼을 것이다.

돈이 전부는 아니지만 돈 때문에 많은 것을 포기해야 하는 것이 현실이다. 하지만 절망하고 주저앉기에는 아직 젊고 시도해보지 않은 일들이 너무 많다. 원망스러운 세상이지만 살아남고 싶고, 성공하고 싶어서 뭐라도 해봐야겠다고 생각했다. 안 하는 것은 있어도 못하는 것은 없는 젊음이 무기인 나이 아닌가. 젊은 시절로 돌아갈 수 있다면 전 재산을 줘도 아깝지 않다는 재벌들도 있다.

진정한 자기 모습을 되찾자

꿈으로 가득 찼던 수험생 시절을 생각하며 다시 마음을 잡았다. 인터넷에서 돈 버는 방법을 뒤져보고, 서점에 가서 돈 버는 내용을 다룬 책들을 찾아봤다. 어릴 적부터 아파트에서 살아보고 싶었던 나는 자연스레 부동산 책이 있는 코너에 가게 되었다. 책 제목들은 환상적이었다. 33세에 14억 원을 만든 사람, 400만 원으로 2억 원을 만든 사람, 월세로 1천만 원을 받는 직장인들…. 모두 꿈 같은 이야기들이었다.

특히 경매, 아파트 등 소액으로 시작하는 투자를 다룬 책들은 나처럼 평범했지만 부동산투자로 부자가 된 사람들의 이야기를 담고 있었다. 저자들도 나처럼 평범하게 살던 사람들이었다는 것이 나를 더욱 빠져들게 만들었다. 나도 얼마든지 가능하다는 희망을 품게 된 것이다.

그렇게 책으로 부동산을 처음 접하게 되었고 그때부터 부동산 공부를 했다. 처음에는 어떻게 시작해야 할지 몰라 내가 할 수 있는 것부터 했다. 틈틈이 부동산 관련 책을 읽고, 매일 아침 경제뉴스를 챙겨 보았으며, 부산에서 시작해 서울까지 강의를 들으러 다녔다. 나는 큰돈을 벌 사람이니 차비나 수강료는 미래를 위한 투자라고 생각했다.

처음에는 아무것도 몰랐는데 꾸준히 반복하다보니 지금은 책이나 뉴스를 보면 대부분 이해되고, 불필요하거나 과장된 내용은 감안하며 볼 수 있게 되었다. 그리고 부동산은 공부한 만큼 보이고 누구나 노력하면 성공할 수 있는 분야라는 사실을 알게 되었다. 어느 순간부터 내 삶은 다시 꿈을 좇고 있었다. 수험생 시절 꿈으로 가득 찼던 진정한 내 모습을 다시 찾게 된 것이다.

그렇게 하루하루 반복했고, 가끔 지쳐 쉬다가도 출퇴근길에 각종 동기부여 영상을 보며 마음을 다잡았으며, 그런 생활을 지금까지 꾸준히 이어오고 있다. 그렇게 몰입하며 지내다보니 어느 순간 N포 세대는 나와 아무런 상관없는 단어가 되어 있었다.

나는 앞에서 얘기한 것처럼 2018년 3월 결혼했는데 이때 부모님에게 경제적인 도움을 전혀 받지 않았다. 내가 벌면 되니까 부모님이 여유가 없다고 해서 부모님을 원망하지 않는다. 오히려 스스로 성장할 수 있게 키워주셔서 감사할 따름이다. 연애, 결혼, 내집 마련을 모두 이루었고, 꿈과 희망은 앞으로도 절대 포기할 수 없는 것들이 되었다.

스스로 이루어낸 만족감은 무엇과도 비교할 수 없다. 나는 그렇게 하루하루 성장해나가고 있다. 현실에 지친 N포 세대가 포기의 아쉬움보다 성취의 행복을 느끼며 살기를 진심으로 바란다.

"팀장님,
저 부서 좀 바꾸겠습니다."

나의 목표와 비전을 위해, 온전히 나의 성장을 위해
어떻게 해서든 시간을 투자해야 한다.

2018년 기준 6년째 직장생활을 하고
있다. 4년 차 근무할 무렵이었다. 이미 입사 후 2년 만에 비교적
빨리 승진을 한 번 했고, 4년 차였을 때 근무하던 부서에서 조금만
더 노력하면 한 번 더 승진할 수 있는 유리한 상황이었다. 하지만
승진 기회와 익숙했던 기존 업무를 포기하고 부서 변경을 선택했
다. 개인 시간이 조금 더 많은 부서로 옮겨서 아파트투자에 관한
공부를 더 깊이 해보고 싶었기 때문이다.

처음 샀던 아파트 가격이 상승하는 것을 경험한 뒤 아파트 수를
1채, 2채 늘리다보니 아파트 공부가 더 재미있어졌고, 먼저 시작

해서 성공한 사람들을 보면서 나도 노력하면 충분히 새로운 목표를 이루어나갈 수 있을 것 같았다.

당시 근무하던 부서는 쉬는 날이 많지 않았고, 그만큼 수당을 많이 받아 월급도 다른 부서에 비해 많았다. 하지만 개인 시간 없이 일에 얽매여 쳇바퀴 굴러가듯 반복적인 생활만 하는 것이 싫었다. 또 내 미래 가치와 비전을 위해 회사는 계속 다니되 개인 시간이 많고 업무 외 시간에 온전히 나에게 시간을 투자할 수 있는 부서로 변경하기로 마음먹었다.

3년간 가족보다 더 많은 시간을 함께했던 사람들과 헤어지기가 아쉬웠고, 연봉도 500만 원 이상 줄었지만 후회는 하지 않았다. 늘어난 개인 시간을 아파트투자에 필요한 공부를 하는 데 쏟았다. 마침내 연봉 500만 원과는 비교도 되지 않는 더 많은 돈을 벌었다.

나의 미래 비전에
시간을 투자하라

새로운 분야에 도전하고 성공하기 위해서는 많은 시간을 투자해야 한다. 힘들게 공부해서 간신히 취업했는데 또 새로운 공부를 시작하라니 무슨 말인가 싶을 것이다. 업무와 관련된 공부는 살아남기 위해 어쩔 수 없이 한다고 하더라도, 취업하고 이제 좀 쉬려는데 새로운 시작을 하라니 쉽지 않은 일이다.

　일단 거부감이 들고 힘들 거라는 생각부터 하게 될 것이다. 하지만 직장생활은 평생 해야 할 사회생활의 시작일 뿐이다. 더 나은 미래를 위해서는 현재 내 시간을 투자해야 한다. 현실에 안주하며 월급만으로 평범하게 살 수도 있지만 나는 그런 삶을 원하지 않았고, 이 책을 손에 든 분들도 분명 다른 무언가를 이루기 위해 이 책을 읽을 것이다. 하루 24시간, 1년 8,760시간은 그것을 활용하는 사람에 따라 세월이 갈수록 좁힐 수 없는 삶의 격차를 만들어낸다.

　최근 한 작가에게서 나를 위해 쓸 수 있는 시간 얘기를 들었다. 내 기준으로 설명하면 이렇다. 대한민국 남자 평균 기대수명은 80세, 여자는 85세 정도라고 한다. 나는 29세이니 기대수명만큼 산다고 가정하면 앞으로 삶이 51년 정도 남았다. 많이 남은 것 같지만 내게 남은 시간 중 1/3은 잠을 잘 테고, 1/3은 일을 할 것이기 때문에 온전히 나를 위해 쓸 수 있는 시간은 나머지 1/3, 즉 17년이다. 남은 내 인생에서 오로지 나를 위해 쓸 수 있는 시간이 17년뿐이라니 생각보다 너무 짧다.

　이 얘기를 듣고 17년밖에 되지 않는 시간을 의미 없이 허송세월하기에는 내 인생이 너무 아깝다는 생각이 들었다. 내 인생을 조금 더 보람 있게 보내려면 시간을 알차게 써야 한다. 나의 의미 있는 성장을 위해 시간을 들여야 한다.

나는 부동산에 관해 공부하는 것이 내 미래 가치와 비전을 위한 길이라고 생각해 많은 것을 포기하고 부서 변경을 선택했다. 이 책을 읽는 분들도 직장생활을 하면서 최대한 자신만의 시간을 만들어 미래를 위해 투자해야 한다.

나는 매일 저녁 다이어리를 정리하면서 그날을 돌이켜보고 내일을 준비한다. 다이어리를 활용하면 생각을 정리할 수 있고, 효율적인 시간관리가 가능하다. 시간을 알차게 보내려면 시간관리가 필요하다. 불필요한 시간 소비를 줄이고 틈새 시간을 잘 활용하자.

집중력 높은
틈새 시간을 이용하라

나는 출퇴근 시간, 기다리는 시간 등의 틈새 시간을 자주 활용한다. 최근 신혼집으로 이사하면서 출퇴근 시간이 길어졌는데 차를 타면 30분, 지하철을 타면 1시간 정도 걸린다. 차를 타고 출근할 때는 도움이 되는 팟캐스트나 동기부여에 관한 강의를 듣지만 지하철을 타면 책을 보거나 태블릿 피시를 이용해 뉴스나 지도를 보며 공부할 수 있다. 그래서 웬만하면 시간을 더 알차게 보낼 수 있는 지하철을 타고 출퇴근한다.

나는 교대 근무를 하는데 업무의 특성상 평일과 주말 구분이 없다. 주말을 쉬지 못해 좋지 않은 것이 아니라 근무 덕분에 불필요한 주말 술 약속을 거절할 핑계가 있어서 좋다. 평일 쉬는 날 나에게 더 집중할 수도 있다. 나는 친구들을 매우 고맙게 생각하고 또 좋아한다. 하지만 내가 잘되어야 친구들에게 도움을 줄 수 있다. 아내나 친구들과 약속이 있는 날이면 약속 장소에 조금 일찍 나가자. 기다리면서 책을 읽거나 짬짬이 공부를 할 수 있다. 약속에 늦지 않아 좋고, 공부까지 할 수 있으니 더 좋다.

이런 식으로 공부할 틈새 시간을 직접 만들어보면 순간순간이 짧지만 오히려 길지 않아 집중이 가능하고, 스스로 만족감도 높다. 나는 이렇게 불필요하게 낭비하는 시간을 줄이고 효율적으로 관리하기 위해 노력하며 성장 속도를 높이고 있다. 시간관리는 성공을 위한 필수 요소다. 베스트셀러 『완벽한 공부법』을 쓴 신영준·고영성 작가가 시간관리를 위해 추천하는 방법이 있다. 하루 24시간 동안 자신이 무엇을 했는지 1시간이나 30분 단위로 써보는 것이다. 나도 실천해보았지만 아마 자신이 낭비하는 시간이 생각보다 엄청 길다는 사실에 놀랄 것이다.

물론 직장생활을 하면서 또 다른 공부를 한다는 것이 쉽지는 않다. 하지만 불필요하게 소비하는 시간을 찾아 구체적인 계획을 세워 온전히 나의 성장을 위해 투자하자. 그래야 지속적으로 성장하면서 부를 축적할 수 있다.

29세에
아파트 10채를 가지다

아파트투자. 생각보다 결코 쉽지 않다.
하지만 얻는 것은 상상 그 이상이다.

나는 26세였던 2015년 여름에 처음으
로 내 명의로 된 아파트를 가지게 되었다. 그로부터 3년이 지난 지
금까지 아파트를 10채 소유해봤다. 시장 흐름에 따라 투자 방향이
정해지다보니 일부는 매도했지만 대부분 아직 소유하고 있다.

가족과 친한 사람들 외에는 내가 아파트에 투자하는 것을 알지
못한다. 그러다가 본의 아니게 말하게 되는 경우가 있다. 그러면
대체로 반응은 이렇다. "아파트가 몇 채라고? 어떻게? 왜?" 대부
분 무척 놀란다. 사실 아파트 10채에 투자했다고 해서 엄청난 부
자가 된 것은 아니다. 하지만 월급을 모아서 사는 사람보다 부자

가 될 확률은 당연히 높다. 아파트에 대한 공부는 이제 선택이 아니라 필수다.

힘들지만 재미있다
그리고 그만큼 더 뿌듯하다

처음 아파트를 소유하게 되었을 때 '진짜 내 아파트인가? 이래도 되나?'라는 생각이 들었고 믿기지 않았다. 소유권 이전이 완료되고 등기를 받았을 때도 믿기지 않았다. 그때 나는 지금의 아내와 연애를 하고 있었다. 관계가 깊어질수록 결혼을 생각하게 되었고, 결혼하면 아내 직장 근처에 집을 구해서 살고 싶었다.

다른 지방에서 온 아내는 직장 근처에서 자취를 했는데 그 지역은 1990년대에 개발된 신도시여서 아파트가 밀집해 있었다. 지하철역이 가깝고 대학병원이 있으며 상권도 발달해서 살기 좋았다.

가끔 주변을 걸어 다니며 아내에게 "저 아파트에서 살고 싶다"라고 자주 말했던 아파트가 있었다. 주변에 더 좋은 아파트들도 있었지만 그 아파트가 눈에 띄었고 우리에게 가장 적당할 것 같다는 생각이 들었다. 그렇게 시간이 지났고, 어느 순간 그 아파트는 내 첫 번째 아파트가 되어 있었다. 마냥 신기하고 행복했던 나는 그 아파트 단지를 몇 번이나 돌았는지 모른다.

그렇게 첫 번째 아파트를 시작으로 책과 강연을 파고들며 실제 투자를 이어갔다. 2015년 8월, 2016년 2월, 2016년 7월, 2016년 8월, 2016년 11월, 2017년 3월, 2017년 4월, 2017년 6월, 2017년 11월, 2018년 4월에 10번째 아파트를 소유하게 되었다.

3년간 직장생활과 투자를 병행하는 것이 쉽지는 않았다. 부산 사람인 나는 야간 근무로 밤을 꼬박 새운 뒤 임장을 하기 위해 서울행 기차에 올라 쪽잠을 청하는 일을 수십 번 반복했다. 지금까지 쓴 기차 요금만 수백만 원이다. 목표한 아파트를 다 둘러보고 나면 간단하게 일찍 저녁을 해결하고 찜질방으로 갔다. 찜질방에서 노트북을 켜고 괜찮은 매물을 찾기 위해 몇 시간씩 부동산에 전화를 돌리고 정보를 모았다. 날이 밝으면 매물을 확인하기 위해 서둘러 나섰다. 집 상태, 소장님 스타일, 가격 등 조건이 맞으면 바로 계약하기도 했지만 실패하고 부산으로 내려오기도 했다.

부산으로 내려와 집에 도착하면 새벽 2시가 넘었다. 밥 먹을 시간도 부족했다. 부동산 소장님과 식사시간 전후로 약속한 뒤 만나면 아파트 얘기를 하면서 같이 식사하기도 했지만 혼자 다닐 때는 샌드위치나 빵으로 한 끼를 때웠다.

피곤하고 힘들 때도 있었지만 그런 힘듦은 곧 희열로 돌아왔다. 열심히 하면 성공할 수 있다는 이 단순한 논리를 증명해가는 삶은 즐거울 수밖에 없었다. 거기에다 아파트 가격까지 올라주니 더할 나위 없었다.

부동산 공부를 하며
세상 사는 법을 배우다

그렇게 서울, 경기, 인천, 대구, 대전, 청주, 천안 등 여기저기를 돌아다니며 공부하고 아파트를 1채, 2채 늘려가다가 2018년 4월에 10번째 집을 소유하게 되었다. 아직 내가 걸어온 길보다 앞으로 걸어갈 길이 훨씬 멀 것이라는 걸 안다. 하지만 지난 3년간 하고 싶고 좋아하는 분야를 공부하며 즐겁게 투자해온 것 같다.

물론 하기 싫을 때도 있었다. 하지만 한 걸음 한 걸음 조금씩 걷다보니 성과도 약간 있었고, 특히 세상 보는 눈이 많이 달라졌다. 사람마다 세상을 바라보는 관점이 다르다. 자기가 접하는 분야 위주로 세상을 바라보게 된다. 그래서 환경설정이 매우 중요하다.

나는 부동산을 접하면서 경제, 정책, 도시, 사람, 통계에 관심을 가지게 되었다. 모두 다 부동산 공부를 하는 데 필요한 항목들이다. 또 경제 위주의 항목들이지만 세상 전반에 관한 사항이기도 하다. 다시 말해 부동산 공부를 하면서 세상이 어떻게 돌아가는지 사회 변화에 조금씩 관심을 가지게 되었고, 그러면서 세상 사는 법을 배우게 된 것 같다. 그밖에 부동산투자를 하다보면 대화기술, 심리, 컴퓨터, 법률 등 다양한 방면의 지식을 습득할 수 있다. 돈도 벌지만 다방면으로 공부도 하니 당연히 시야가 넓어진다.

3년째 계속 투자하면서 몇몇 아파트는 계획에 따라 매도했다.

2017년과 2018년이 그랬고 2019년도 그럴 것으로 예상하는데, 월급 외에 아파트투자로 연봉 이상의 수익을 올리고 있다. 특히 2018년에는 아파트투자 수익이 많아 세금을 꽤 많이 냈다.

내가 글을 쓰고 있는 지금 이 순간에도 내 아파트들의 가격은 지역에 따라 차이는 있지만 오르고 있다. 내가 힘들어 쉬는 날에도 내 아파트들은 나를 위해 열심히 일하고 있다. 그리고 그렇게 매도한 아파트 수익금 가운데 일부는 나와 내 사람들의 행복을 위해 쓰고, 나머지는 다시 아파트에 투자할 계획이다. 지속적으로 투자하다보면 시간이 지날수록 내 직원이나 마찬가지인 아파트의 숫자와 자산도 지속적으로 늘어나 궁극적으로 나에게 시간적·경제적 자유를 가져다줄 것이다.

'아파트투자는 이제 끝났다.' '인구수가 감소하니 아파트 가격도 떨어질 것이다'라는 부정적인 견해에 대한 반박을 주장한다. 누구나 내집 마련을 원하지만 평범한 사회초년생과 직장인에게는 현실적으로 불가능이나 마찬가지다. 이러한 불가능을 가능케 하기 위해 투자가 선행되어야 하는 이유와 주식도 펀드도 아닌 아파트투자를 선택한 이유에 대해 알아보자. 또한 아파트투자에 기초 지식이 되는 아파트투자의 종류, 헷갈리는 아파트 면적의 종류, 부동산 등기부등본 보는 방법, 새 아파트로 내집 마련할 수 있는 가장 좋은 방법인 주택청약에 대해서도 함께 살펴보자.

2장

아파트투자,
어떻게 시작해야 하나?

왜 아파트인지
이유나 알고 하자

펀드도 아니고 주식도 아니다.
왜 아파트인가? 이유나 알고 투자하자.

당신은 매달 받는 월급을 어떻게 관리
하는가? 보통 월급을 받으면 지출금을 제외한 여유자금으로 적금
을 넣는다. 재무 상담을 받아본 사람이라면 고정지출비, 필요비,
예비비 등을 나누어 관리할 것이다. 그렇게 돈에 관심을 두기 시
작하면 돈을 조금 더 불려보고자 재테크에 관심을 갖게 된다.

계좌를 나누어 돈을 관리하기 위해 은행에서 통장을 만들고 계
좌를 개설하면서 자연스레 은행에서 권유하는 적금, 보험 상품, 펀
드에 대한 설명을 듣고 귀를 기울이기 시작한다. 사회 초년생들이
돈을 벌기 시작하고 돈에 관심을 두기 시작하면서 흔히 이어지는

흐름이다. 그런데 과연 그렇게 하면 돈을 많이 모을 수 있을까? 그렇게 해서 평범한 사회 초년생도 중산층이 될 수 있을까?

펀드나 주식보다
아파트인 이유

펀드는 은행에서 특정 조건의 펀드에 가입하고 돈을 납입하면 펀드매니저가 알아서 투자를 해준다. 상품마다 리스크가 다르며, 감수하는 리스크 크기에 따라 수익률이 높을 수도 있고 혹은 마이너스를 기록할 수도 있다. 펀드 수익률이 마이너스를 기록하더라도 펀드매니저에게 책임을 물을 수는 없다.

펀드는 다시 말하면 내 돈을 펀드매니저가 대신 굴려주는 것이다. 물론 내가 투자한 펀드에 관심을 가지고 공부를 어느 정도 해야겠지만 일단 내 돈을 누군가 대신 굴려준다는 것 자체가 좋은 투자라고 생각하지 않는다.

펀드에 투자했다가 좋지 않은 결과라도 나오면 대부분 은행과 펀드매니저를 탓한다. 투자를 결정한 것은 자기 자신인데 말이다. 모든 투자의 최종 결정은 내가 하고, 거기에 따른 결과도 내가 감당해야 한다. 남의 의견을 듣고 참고할 수는 있지만 지나치게 남에게 의존하는 투자는 의존했던 사람이나 기관이 없어지면 투자를 이어갈 수 없다. 따라서 스스로 실력을 키워나가야 한다.

펀드 다음으로는 주식에 투자할 수 있다. 우리나라에서는 주식투자를 상당히 많이 한다. 나는 주식에 대해 공부해본 적이 없기 때문에 주식투자가 좋은지 나쁜지를 섣불리 말할 수 없다. 우리 회사에도 주식을 하는 사람들이 꽤 있는데 그들은 항상 휴대전화의 주식 관련 애플리케이션으로 주가를 본다. 내 친구도 최근 소액이긴 하지만 주식으로 꽤 괜찮은 수익을 올리는 것을 보았다.

하지만 내가 본 주식투자자들은 대부분 장이 시작되는 시간부터 끝나는 시간까지 시간을 너무 많이 빼앗겼다. 그러다보니 다른 일에 신경을 쓰지 못하거나 대충 하게 된다. 그리고 가장 중요하게 생각하는 것은 리스크다. 주식은 전자상거래다. 현금화하기 전까지는 사이버머니 같은 돈이다. 투자한 기업의 경영이 악화되어 주가가 떨어지면 내 돈은 순식간에 흔적도 없이 증발한다. 이것이 바로 주식이 리스크가 크다고 하는 이유 중 하나다.

모든 공부는 자신이 필요해서 자발적으로 할 때 효율적일 확률이 높다. 주식투자는 살면서 해도 되고, 안 해도 된다. 하지만 부동산, 특히 주택은 우리가 살아가는 데 떼려야 뗄 수 없는 필수 요소다. 소유하든 전세든 월세든 살 집은 있어야 하기 때문이다. 번듯한 집 한 채를 마련하기 위해 힘들게 일하고 돈을 모은다. 그렇게 모은 전 재산에 가까운 큰돈을 집을 사는 데 쓴다. 꼭 투자 개념이 아니더라도 부동산에 큰돈을 써야 한다면 조금이라도 더 공부해서 최소한 손해는 보지 않아야 하지 않겠는가.

부동산은 하루에도 몇 번씩 가격이 오르락내리락하는 주식과는 조금 다르다. 부동산은 가격 자체가 크기도 하지만 가격 지속성이 강하다. 부동산은 한번 오르기 시작하면 2~4년씩 오르기도 한다.

물론 부동산도 떨어질 때는 몇 년씩 떨어진다. 하지만 2~4년 동안 올랐던 금액보다 더 많이 떨어지는 경우는 매우 드물다. 공부한 지식을 바탕으로 최소한의 리스크 몇 가지를 제거하고 바닥에 사서 머리에 팔려는 과도한 욕심을 내지 않는다면 안정적이고 체계적으로 아파트투자를 이어나갈 수 있다.

적금은 목돈을 모으기 위한
수단일 뿐이다

재테크나 투자는 개인 성향에 따라 달라질 수 있기 때문에 단순히 펀드나 주식을 비판할 수는 없다. 다만 내 투자 성향과 맞지 않을 뿐이다. 힘들게 모은 돈을 남에게 맡기거나 고위험 고수익인 주식에 투자하기보다 상대적으로 저위험 고수익 상품이면서 삶의 필수재인 아파트에 투자해보자.

우리나라 사람들의 주거 형태 선호도는 단독주택, 연립주택, 빌라 등 다른 형태보다 단연 아파트가 높다. 그만큼 아파트에는 돈이 많이 몰린다. 그리고 가장 중요한 가격 측면에서 특정 계층의 고급 빌라와 오피스텔을 제외하면 아파트 가격 상승률이 빌라 등에 비해 월등히 빠르고 높다. 요즘은 아파트와 관련된 각종 통계가 많이 대중화되었고, 누구나 인터넷으로 확인할 수 있도록 공개되어 있어 조금만 관심을 가지고 노력하면 쉽게 접근이 가능하다.

주식과 펀드는 수익률을 특정할 수 없다. 따라서 은행마다 수익률 차이가 크지 않아 비교하기 쉬운 적금과 실제 아파트 평균 가격 상승률 통계를 보면서 왜 아파트에 투자해야 하는지 살펴보자.

다음은 내 주거래은행인 신한은행의 인기 적금 목록이다. 4.40~5.40%인 나라사랑적금은 군인에게만 해당되는 상품이니 제외하면 보통 최저 1.3%에서 최대 2.1% 수준이다. 재형저축처럼 금리가 3% 후반에서 4% 정도로 다소 높은 상품도 있지만 가입기간이 7년으로 상당 기간 돈이 묶여 있어야 한다. 그러니 목돈을 굴

: 신한은행 인기 적금 목록(2018년 7월 기준) :

모바일		
신한 스마트 적금	**신한 新나라사랑적금**	인터넷 모바일 Smart Lounge
복잡한 우대금리 조건이 없는 스마트폰 전용 적금	최고 연 5.40%	**신한 헬스플러스 적금**
	최저 연 4.40% (12개월 세전)	최고 연 2.10%
최고 연 2.00%		최저 연 1.80% (12개월 세전)
최저 연 2.00%	**신한 아이행복 적금**	인터넷 모바일 Smart Lounge
(12개월 세전)	최고 연 2.00%	**신한 S드림(DREAM)적금**
	최저 연 1.30% (12개월 세전)	최고 연 1.70%
		최저 연 1.30% (12개월 세전)

출처: 신한은행

려 자산을 불려야 하는 사람에게는 전혀 맞지 않는 상품이다.

최근 미국의 기준금리가 오르면서 대출 금리가 상당폭 올랐는데, 적금 금리는 상대적으로 아직까지 크게 오르지 않았다. 적금은 이자가 2% 수준이지만 예금은 더 낮다. 은행은 예금을 받아 2% 미만의 적은 이자를 지급하고 대출해줄 때는 4%대 금리로 이자를 받는다. 이를 은행의 '예대 마진'이라고 하는데 한마디로 은행 좋은 일만 하는 것이다.

여하튼 적금 금리 2%를 가정하고 이자를 계산해보자. 한 달에 100만 원씩 1년 동안 적금을 넣으면 12개월 1,200만 원에 대한 이자 2%를 받을 수 있는 것이 아니다. 이는 보통 사람들이 잘 모르는 적금 금리의 속내이기도 한데 좀더 살펴보면 이렇다.

첫 달에 넣은 100만 원은 은행이 12개월간 유용이 가능하므로 12개월 이자인 2%를 지급하고, 두 번째 달에 넣은 100만 원은 은행에서 11개월간 유용이 가능하므로 2%가 아닌 1.83% 정도의 이자가 붙는다. 이런 식으로 계산하면 마지막 달에 넣는 100만 원에 대한 이자는 0.16% 수준이고, 1년간 넣은 적금 1,200만 원에 대한 실질금리는 1.08% 수준이다.

여기서 끝이 아니다. 이자에 대한 세금을 내야 하는데 이자 금액의 15.4% 정도 된다. 결국 100만 원씩 1년간 1,200만 원을 적금으로 넣으면 만기 때 최종 수령 금액은 이자 10만 원이 조금 넘는 수준이다. 우리나라 물가상승률을 감안하면 거의 마이너스다.

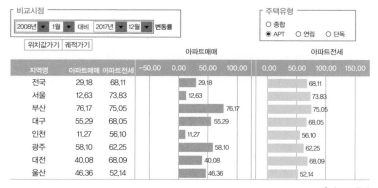

출처: KB부동산

이번에는 객관적인 아파트 통계를 보며 수익률을 살펴보자. 위 표는 KB부동산에서 제공하는 차트의 일부로 2008년 1월부터 2017년 12월까지 최근 10년간 서울과 6대 광역시의 아파트 매매/전세 가격 평균 상승률을 수치화한 것이다.

오른쪽 빨간색으로 된 전세 가격 상승률을 보면 울산이 최저로 50% 정도이고, 부산이 75%의 전세 가격 상승률을 보인다. 2억 원짜리 전세가 3억 4천만 원이 된 것이니 엄청난 상승률이다. 최근에는 전국적으로 전세 가격이 약세이지만 전세입자들이 2년마다 수천만 원씩 전세보증금을 올려줘야 했던 지난 시절 '전세난' 관련 각종 소식으로 뉴스가 도배되었던 이유를 조금 알 수 있다.

다음은 수익률을 설명하기 위해 매매 상승률을 보자. 매매가는 전국 평균 29.18%, 서울 12.63%, 부산 76.17%, 대구 55.29%, 인천 11.27%, 광주 58.10%, 대전 40.08%, 울산 46.36% 상승했다. 수도권인 서울과 인천은 2008년 하반기 미국발 금융위기로 하락세였다가 2013년 하반기가 되어서야 바닥을 찍었기 때문에 상대적으로 상승률이 낮지만 그밖의 지역들을 보면 적게는 40%, 크게는 70% 이상 상승률을 보였다. 10년간 상승률이므로 연간 4~7%라고 볼 수 있다.

어림잡아 5대 광역시의 연평균 아파트 매매 가격 상승률을 5% 정도라고 가정하자. 생각보다 높은 수치가 아닐 수도 있다. 하지만 조금 깊게 들어가보자. 5%라는 것은 해당 광역시 전체의 평균이므로 상대적으로 적게 오른 아파트도 있고, 훨씬 많이 상승한 아파트도 있을 것이다.

우리는 부자가 아니다. 돈이 없어서 아파트투자를 하는 것이다. 그러므로 우리는 3억 원짜리 아파트를 살 때 3억 원을 다 주고 살수 없다. 다시 말하면 아파트 가격의 일부만 주고 아파트를 사는 것이다. 지금까지 아파트에 투자하면서 나는 아파트 전체 가격의 10% 이상 주고 산 적이 거의 없다. 3억 원짜리 아파트를 3천만 원 정도 주고 샀다는 것이다. 아파트에 투자하는 방법은 다양한데 자세한 방법은 뒤에서 소개하겠다.

연평균 가격이 5% 상승할 경우 3억 원짜리 아파트가 1년 뒤 3억 1,500만 원, 2년 뒤에는 3억 3천만 원 정도가 된다는 말이다. 일반적으로 임대차계약이 2년이기 때문에 투자기간을 2년으로 가정하면 3천만 원을 투자한 3억 원짜리 아파트가 2년 뒤 3억 3천만 원이 된다는 것이다. 세금은 별도로 하고 3천만 원 투자해서 3천만 원 상승이면 대략 2년에 100% 정도의 수익이 발생하는 것이다. 각종 금융 상품들에 비하면 엄청난 수익률이다. 전 재산 3억 원을 투자해서 3천만 원을 버는 것이 아니라 3천만 원을 투자해서 2년 만에 2배가 되어 6천만 원이 되는 것이다.

아파트를 재형저축 같이 금리가 3% 후반에서 4% 정도로 다소 높은 금융상품과 단순 비교하면 연평균 5% 정도인 아파트 가격 상승률과 별 차이도 없으니 '신경 쓸 것 많은 부동산보다 맘 편한 금융상품에 투자해야겠다'는 생각은 그저 편하게 돈을 벌고 싶어 하는 사람들의 어리석은 판단이다. 아파트에 투자하면 목돈이 더 큰 목돈을 만들고 이를 반복하다보면 어느 순간 자산가가 되어 있을 것이다. 이는 시간이 지날수록 점점 더 큰 차이를 보일 것이다.

아파트투자를 하려면 어느 정도의 목돈은 필요하다. 그 목돈을 모으기까지는 매달 일정 금액이 자동으로 납입되는 적금을 들어서 약간 강제성을 주어 목돈을 마련하고, 이후에는 상대적으로 리스크는 작고 수익률은 높은 아파트에 투자해서 시간적·경제적 여유라는 꿈을 이루어보자.

아파트투자는
이제 끝났다?

아파트 가격의 변화 요인을 공부하면 언론에 휘둘리지 않고
다음 투자처를 준비하는 현명한 투자자가 될 수 있다.

정부에서는 계속해서 다주택자들에 대한 규제를 강화하고 있고, 지방 아파트 가격이 곤두박질치며 곳곳에서 "이제 아파트투자는 끝났다"는 부정적인 이야기가 나돌기도 한다. 특히 지방에 거주하는 분들 중 많은 사람이 아파트투자에 거부감을 가지고 있다. 과연 아파트투자는 정말 끝났을까?

"역사를 잊은 민족에게 미래는 없다"라는 말이 있다. 과거를 보면 미래를 어느 정도 알 수 있다는 뜻이다. 부동산 규제는 부동산이 호황일 때면 어김없이 나오는 것이고, 부동산이 침체되면 언제 그랬냐는 듯 부동산 부양책이 나오는 것이 당연한 흐름이고 역사다.

사람들은 대부분 부동산 경기가 좋지 않으면 이제 부동산은 끝났다며 절망하지만, 이때 다음 상승할 지역을 찾고 공부하는 것이 현명한 투자자의 자세다. 지금 이 순간에도 한없이 침체될 것 같았던 지방에서 바닥을 다지고 상승을 맞이하기 위해 꿈틀대는 곳들이 분명 있을 것이다.

부동산 뉴스의
허와 실(수도권)

뉴스는 정보 전달의 수단으로만 여겨야 한다. 뉴스 기사에서 미래를 예측하는 듯한 내용은 신경 쓸 필요가 없다. 부동산시장이 좋지 않을 때는 부정적인 뉴스가 난무하고, 부동산시장이 좋을 때는 언제 그랬냐는 듯 부정적이었던 뉴스들은 자취를 감춘다.

2017년 8월 2일 정부에서 역대 가장 강력하다는 부동산 규제인 '8·2 부동산 대책'을 발표했다. 강력한 규제를 한번에 내면서 '역대 최고 규제'라는 말도 나왔다. 그와 함께 각종 뉴스 기사가 발표되었다. '부동산시장은 조정국면에 진입할 것이다' '거래 축소, 가격 하락 불가피' 등의 부정적인 뉴스들이 쏟아졌고 많은 사람이 이제 아파트투자는 끝났다며 우려를 표했다. 나는 직장에 있다가 동료와 8·2 대책에 대한 뉴스를 함께 보았다. 그 동료가 나에게

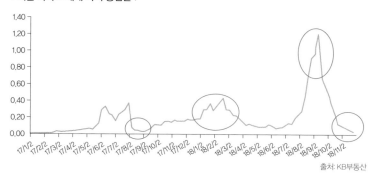

: 서울 아파트 매매 가격 증감률 :

출처: KB부동산

"괜찮을까? 타격 없을까? 집값 떨어지는 거 아닌가?"라며 걱정스러운 말을 건넸고, 나는 "일시적일 뿐이다. 또다시 오를 것이다"라고 대답했다. 실제로 결과는 어떻게 되었는가?

2017년 1월 2일부터 2018년 11월 26일까지 서울 아파트 매매 가격 변동률 그래프를 보자. 빨간색으로 동그랗게 표시한 부분을 보면, 첫 번째 동그라미가 8·2 대책 직후인데 실제로 그전까지 무서운 상승세를 보이다가 상승세가 급격히 둔화되었다. 하지만 상승세가 둔화되었을 뿐 하락은 없었고, 불과 1개월이 조금 지난 9월 중순쯤부터 다시 상승세가 확대되었다. 이후 2018년 초에는 2번째 동그라미 같이 더 많이 상승했다. 그리고 잠시 쉬어가는 듯했지만 7월부터 9월까지 역대 최고 상승률을 기록했고, 9·13 대책 이후 2018년 12월 현재 다시 쉬어가고 있다.

8·2 대책이 나온 뒤 온갖 부정적인 뉴스가 쏟아졌지만 현재까

지 상승과 휴식을 반복하며 꾸준히 상승세를 이어오고 있다. 가격 결정의 기본 원리인 수요와 공급을 저버리고 고강도 부동산 규제만 내놓은 정부 때문에 오히려 시장이 왜곡되어 더욱 가파른 상승세를 기록했다.

아파트 가격은 영원히 상승한다는 말을 하려는 것이 아니다. 정부에서 부동산 관련 대책을 발표하면 과거를 공부하고 그에 맞게 전략적으로 미래를 대비해야 하는데, 규제책이 나올 때마다 혹은 부정적인 뉴스가 나올 때마다 아파트투자는 이제 끝났다며 낙담하거나 좌절하지 말라는 이야기다.

부동산 뉴스의
허와 실(지방)

이번에는 지방 아파트 이야기다. 대구, 광주 등 몇몇 지방을 제외한 대부분 지방에 있는 사람들은 집값이 계속 떨어질 것이라며 아파트 가격에 대해 부정적으로 생각할 것이다. 실제로 현재 지방 아파트시장은 침체를 겪고 있으며, 그동안 가격 하락에 따라 투자심리가 완전히 꺾여 있다.

아파트 가격 하락과 침체된 분위기를 실감하는 지방 사람들에게 '매매가 하락, 미분양' 기사마저 나오니 아파트투자는 이제 끝났다고 생각할 수밖에 없다. 하지만 투자자에게 이런 뉴스들은 기회일 뿐이고, 돈 되는 뉴스일 뿐이다. 이렇게 침체되어 있는 지방 아파트도 분명히 몇 년 전에는 서울 아파트 가격 같이 가파른 상승률을 보였다. 현재는 지방에 공급되는 아파트가 지나치게 많기 때문에 침체되어 있을 뿐, 공급량이 정리되고 나면 지방 아파트 또한 다시 활력을 찾을 것이다.

기자들은 자기가 쓴 기사가 많은 사람의 관심을 끌어야 하기 때문에 누구보다 빠르게 전하려 하고, 객관적인 사실을 왜곡하지 않는 선에서 일부 정보에 편중하거나 약간 과장하는 경우도 있다. 따라서 뉴스 기사나 분위기에 현혹되어 아파트투자는 끝났다며 좌절하기보다는 통계를 바탕으로 명확한 근거를 찾고 새로운 기회를 기다리는 현명한 투자자가 되어야 한다.

시장은 돌고 돈다. 역사는 반복되고, 그 안에서 가격이 움직이는 원리를 지속적으로 공부하면 기회는 찾아온다. 부자들은 돈을 은행에만 넣어두지 않는다. 지속적으로 경제에 대해 공부하고 어디엔가 투자하려 한다. 시중에 풀려 있는 유동성 자금은 어디든 길을 찾아가고, 아파트시장 또한 그 길 중 하나이며, 가격이 오르는 아파트는 어딘가에는 존재한다. 수요와 공급이라는 기본 원리를 저버린 정부의 지나친 시장 개입과 과도한 규제는 오히려 시장을 왜곡해 돈 있는 사람들이 더 많은 돈을 벌게 되는 양극화만 초래할 뿐이다.

현재 서울에 있는 아파트는 그동안 매매 가격이 많이 상승했기 때문에 새로 투자 진입을 하기에는 투자금이 많이 필요하고 다소 부담이 있다. 지방은 아직까지 침체기에 있기 때문에 섣불리 투자할 필요는 없다. 모든 투자는 공부와 분석을 바탕으로 근거를 가지고 해야 한다.

만약 지금이 지방 아파트 상승기였다면 이제 막 공부를 시작하려는 초보 투자자들에게는 오히려 악영향을 줄 수 있었을 것이다. 공부가 되지 않은 상태에서 시장 분위기가 좋아 가격이 계속 올라가는 것을 보면 마음이 급해진다. 그래서 의욕이 앞서 자칫 '카더라 통신'에 따른 '묻지 마' 투자를 하게 될 수도 있다. 하지만 지금이 오히려 다음 상승기를 대비하며 공부할 수 있는 기회다.

물론 지금 이 순간에도 기회를 찾아 아파트에 투자하는 사람들이 있다. 나 또한 지속적으로 투자처를 찾고 공부를 하지만 앞으로 더 좋은 기회가 있을 것이라고 생각하며 지금은 섣불리 투자하지 않는다.

투자는 평생 해야 하니 항상 공부가 선행되는 준비된 투자를 하자. 지금은 아파트투자에 절망할 것이 아니라 다음 기회를 준비할 수 있는 가장 좋은 시기라는 사실을 명심하자. 그리고 아파트투자는 끝났다며 우리의 성장을 방해하는 메시지들은 신경 쓰지 말자.

인구가 감소해
아파트 가격이 하락?

인구가 감소하니 아파트 가격도 떨어질 것이다?
총인구수, 생산가능 인구수와 아파트 가격의 상관관계를 살펴보자.

　　　　　　　　아파트에 대해 공부하다보면 아파트 가격이 오를 것이라고 주장하는 상승론자들과 아파트 가격이 떨어질 것이라고 주장하는 하락론자들은 과거에도 있었고 현재도 존재한다는 것을 알 수 있다. 지금까지 아파트 가격은 지역별로 상승과 하락을 반복했지만 장기적으로 우상향, 즉 상승을 지속해왔고 나는 앞으로도 상승할 것이라고 생각한다.

　아파트 가격 하락을 주장하는 사람들의 여러 근거 가운데 하나가 부동산과 떼려야 뗄 수 없는 관계인 '인구'다. 주식투자를 하는 내 친구도 나에게 "앞으로 인구가 점점 줄어들 거라고 하던데 당연히 집값도 떨어지는 거 아니냐?"라고 물어본 적이 있다.

인구 감소에 따른 아파트 가격 하락을 말하는 사람들은 '전체 인구' 또는 전 연령대 중 경제활동을 하는 '생산 가능 인구'가 줄어들어 자연스레 집값도 떨어질 것이라는 논리를 편다. 장기적으로 인구가 감소하니까 집값이 떨어진다는 것이다. 과연 그럴까? 인구수와 관련해서 하락론자들이 주장하는 내용을 확인해보자.

하락론자들의 주장과
이에 대한 반박

주장 1: 인구수 감소

미래를 생각하며 사는 것은 맞지만 인구수 감소에 따라 아파트 가격이 하락할 것이라는 주장은 너무 지나친 상상이다. 아직까지 우리나라 전체 인구수는 증가하는 추세다. 통계청 자료에 따르면 우리나라는 2031년 인구수가 정점을 찍고 그 뒤로 하락을 시작한다고 한다. 그러니 아직 10년 이상 남았다.

10년 뒤 일어날 인구 감소에 따른 아파트 가격 하락을 믿는다면 투자를 하지 않아도 된다. 경쟁자가 줄어드니 더 좋을 뿐이다. 나는 그 10년 동안 아파트투자로 내 목표 자산을 모으며 따라올 수 없는 부의 격차를 만들 것이다.

주장 2: 생산 가능 인구 감소

전체 인구수가 아니라 노령화와 저출산으로 생산 가능 인구가 감소하면서 아파트 가격도 하락할 것이라고 주장하기도 한다. 아무래도 경제활동을 해서 소득이 발생하는 사람들이 부동산에 대한 구매력이 높아 부동산을 매입할 확률이 높을 것이다. 그래서 경제활동을 하는 나이인 '생산 가능 인구(15~64세)'가 줄어들면 경제활성화도 힘들어지고 아파트 가격도 떨어질 것이라고 한다.

실제로 우리나라는 저출산으로 14세 이하 어린이들의 수가 점점 줄어들어 그 아이들이 경제활동이 가능한 나이가 되면 지금보다 생산 가능 인구는 더욱 줄어들 것이다. 이미 우리나라 전체의 생산 가능 인구는 2016년 정점을 찍은 뒤 조금씩 떨어지기 시작했고, 점점 가파르게 감소할 것이라고 한다. 그렇다면 정말 생산 가능 인구가 감소하기 때문에 집값이 떨어질까?

하락론자들의 2가지 주장을 한번에 반박할 그래프가 있다. 다음은 최근 10년 동안 부산의 인구 변화 그래프다. 통계청에서 발표한 자료를 바탕으로 해서 그래프로 가공했다. 부산은 전국에서 고령화가 가장 먼저 진행되고 있는 도시다. 빨간색 꺾은선그래프는 부산의 전체 인구수, 회색 꺾은선그래프는 생산 가능 인구수(15~64세), 회색 영역 그래프는 65세 이상 고령 인구수를 나타낸다. 부산은 인구가 다른 지역으로 빠져나가면서 10년 전부터 이미

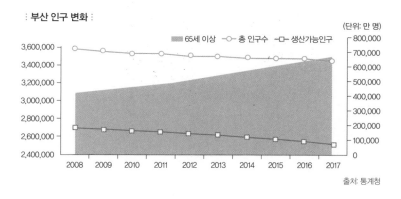

: 부산 인구 변화 :

(단위: 만 명)

■ 65세 이상 ─○─ 총 인구수 ─□─ 생산가능인구

출처: 통계청

전체 인구수가 감소하고 있었고, 저출산으로 생산 가능 인구 또한
줄어들고 있었으며, 경제활동이 힘든 65세 이상 고령 인구수는 급
격히 늘어나는 추세다.

하락론자들이 주장하는 인구수 변화에 따른 아파트 가격 하락
이 옳다면 부산의 집값은 그래프상 2008년 이후 지속적으로 떨어
졌어야 한다. 구체적인 통계를 통해 확인해보자.

다음은 KB부동산에서 제공하는 통계를 바탕으로 부산 아파트
의 최근 10년간 평균 매매 가격 변화를 그린 그래프다. 2008년
1월 기준 부산 아파트 매매 가격 지수를 60 정도라고 한다면 현재
는 104 정도가 된다. 10년 동안 거의 2배가 된 것이다. 총인구, 생
산 가능 인구 모두 줄어들고 고령 인구마저 가장 급격히 늘어나고
있는 부산의 아파트 가격은 2012년 잠깐 조정을 받은 것 외에는
10년 동안 지속적으로 가격이 오르다가 2017년 하반기가 되어서

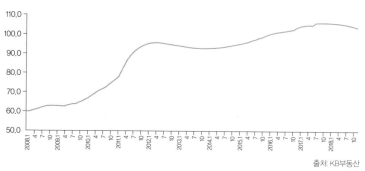

: 부산 아파트 매매 가격 지수 :

출처: KB부동산

야 조금씩 조정을 받기 시작했다. 이는 부산 전체 아파트의 평균 수치이기 때문에 어떤 아파트는 가격이 2배까지는 되지 않았겠지만 어떤 아파트는 2배 이상 엄청나게 가격이 상승했을 것이다.

다음은 국토교통부 실거래가 자료를 정리한 것이다. 부산의 중심지 서면에 위치한 전용면적 59m² 아파트는 2008년 3월 1억 6,200만 원에 거래되었고, 10년 뒤인 2018년 2월 3억 6,900만 원에 거래되었다. 최근 부산이 침체기에 접어들면서 가격이 조금씩 떨어지고는 있지만 그래도 그동안 엄청나게 상승했다.

"부산만 그런 거 아니야?"라고 하는 사람이 있을 수 있다. 그렇다면 우리나라 중심 서울과 내륙도시 대구의 그래프도 살펴보자.

먼저 서울은 어떤가? 서울도 부산 같이 65세 이상 고령 인구는 증가하는 반면 인근 경기도와 여러 지방으로 인구가 유출되면서 총인구수와 생산 가능 인구수가 줄어들고 있다. 대구 또한 고령

: 부산시 서면 아파트 실거래 :

• 상세정보 – 서면

　매매　전월세

▶연도 2008년 ▼　▶면적 59.9438㎡ ▼　▶금액 전체 ▼

• 3월

전용면적(㎡)	계약일	거래금액(만 원)	층	건축연도
59.9438	1~10	16,200	7	2004

• 상세정보 – 서면

　매매　전월세

▶연도 2008년 ▼　▶면적 59.9438㎡ ▼　▶금액 전체 ▼

• 3월

전용면적(㎡)	계약일	거래금액(만 원)	층	건축연도
59.9438	21~28	36,900	36	2004

출처: 국토부

: 서울 인구 변화 :

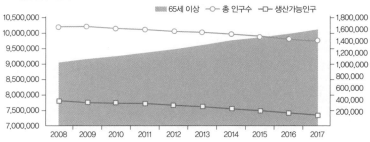

: 대구 인구 변화 :

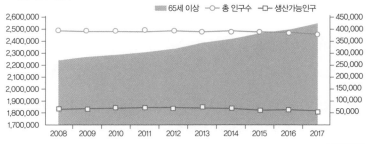

출처: 통계청

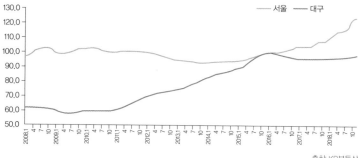

출처: KB부동산

인구는 증가하고 있으나 총인구수는 지속적으로 하락하고 있으며, 생산 가능 인구수도 2012년 이후 미세하게나마 하락하고 있다. 그렇다면 두 지역의 아파트 매매 가격은 어떨까?

위 그래프에서 보듯 서울은 2010년 이후 가격 조정을 받다가 2014년 정도에 바닥을 찍고 지금까지 가파르게 상승하다가 2018년 4분기부터 상승세를 잠시 멈춘 상태다. 대구는 2011년부터 2015년까지 급격한 상승 이후 조정을 받다가 최근에는 다시 상승세에 있다. 아직도 인구수와 아파트 매매 가격이 직접적 연관이 있어 보이는가? 이래도 인구 감소에 따라 아파트 가격이 떨어질 것이라는 주장을 믿고 아파트투자를 포기할 생각인가?

인구수와 생산 가능 인구수가 줄어들어도 아파트 가격이 무조건 오른다는 것은 아니다. 부동산 경기는 지역별로 천차만별이다. 수도권이 상승할 때가 있고, 부산이 상승할 때가 있으며, 대구가 상승할 때가 있다. 아파트 가격은 수요와 공급을 중심으로 여러 가지 요소에 따라 지역별로 상승과 하락의 흐름을 달리한다. 단순히 인구수가 줄어든다고 해서 집값이 떨어지는 것이 아니라는 말이다. 전체 인구수가 되었든, 생산 가능 인구수가 되었든 장기적인 통계는 말 그대로 장기적인 얘기다.

당장 2~3년 안에 집값이 떨어지기도 하고, 오르기도 한다. 장기적인 통계도 물론 경제를 이해하는 데 반드시 필요하다. 하지만 이는 참고 사항일 뿐 아파트 가격에 직접 영향을 주는 더욱 중요한 요소들은 따로 있다. '인구 감소≠아파트 가격 하락'을 명심하자.

2030은 내집 마련보다 투자가 먼저다

내집 마련할 '돈'이 부족한 20대, 30대라면
투자를 먼저 해 내집 마련할 '돈'과 '지식'을 쌓자.

　　　　　　　　나는 취업도 빨리 한 편이고, 부동산투자도 비교적 어린 나이에 시작한 편이다. 아직 어리지만 내가 살아온 기준에 따르면 뭐든 이왕 할 거면 빨리 시작하는 것이 좋다고 생각한다. 섣불리 판단하라는 것이 아니다. 투자를 빨리 하라는 말은 더더욱 아니다. 투자에 반드시 선행되어야 하는 공부를 빨리 시작하라는 것이다. 그래야 그만큼 첫 번째 투자도 빨라질 수 있다. 그리고 아파트 가격도 지역마다 오르는 시기가 있기 때문에 그 흐름을 타려면 빨리 공부하고 준비하는 것이 좋다.

결혼을 포기하는
가장 큰 원인은 '돈'

대부분 결혼할 때 처음으로 '집'이라는 것을 생각하게 된다. 하지만 결혼을 생각하기 전부터 미리 준비하는 것이 훨씬 좋다. 더군다나 결혼할 때는 결혼비용까지 필요하기 때문에 갑자기 큰돈이 들어간다. 그러니 나처럼 결혼, 내집 마련을 스스로 해결해야 하는 사회 초년생들은 부담스러울 수밖에 없다. 돈이 없기 때문에 앞서 말했던 N포 세대가 나오는 것이다. 결혼할 때 결혼비용만 수천만 원에 이른다.

다음은 2018년 2월 9일 스페셜 경제뉴스 기사에 나온 통계다. 최근 2년 내 결혼한 신혼부부 1천 명을 조사한 결과라고 한다. 주

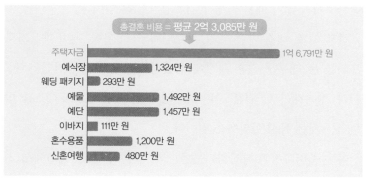

: 2018 결혼 비용 보고서(최근 2년 내 결혼한 신혼부부 1천 명 조사) :

총결혼 비용 = 평균 2억 3,085만 원

주택자금	1억 6,791만 원
예식장	1,324만 원
웨딩 패키지	293만 원
예물	1,492만 원
예단	1,457만 원
이바지	111만 원
혼수용품	1,200만 원
신혼여행	480만 원

출처: 듀오웨드

택자금을 포함해 결혼비용으로 총 2억 3,085만 원이 필요하다고 한다. 부모님 도움을 받지 않고는 도저히 평범한 20대, 30대가 모을 수 있는 돈이 아니다.

사실 평범하게 일반적인 결혼식을 하면 비용이 이 정도까지 들지는 않는다. 나는 2018년 3월 결혼했는데 주택자금을 제외하고 예식에 필요한 비용, 신혼여행비, 선물비용까지 모두 합쳐 3천만 원가량 들었다. 예물, 예단 등 형식적인 것들은 하나도 하지 않았다. 아내에게 프러포즈할 때 선물을 준 것 말고는 결혼반지조차 맞추지 않았다. 그 대신에 불필요한 비용을 아껴 신혼여행에 좀더 신경 썼다.

물론 주택자금을 제외한 결혼비용 일부는 축의금으로 회수되기도 하지만 이는 지출 후 가능하므로 일단 결혼 전에 결혼비용과 주택자금 등을 가지고 있어야 한다. 최근 스몰 웨딩을 하는 사람이 많아지고 있지만 그동안 축의금을 여기저기 내신 부모님들이 좋아하시지 않기 때문에 생각보다 쉽지 않은 일이다.

결혼 기피, 내집 마련 포기, 부모님과 의견 차이, 예비 배우자와 트러블 등 대부분 결혼 과정에서 발생하는 문제들의 원인은 '돈'이다. 행복해야 할 결혼 준비 과정에서 돈 때문에 스트레스를 받는다는 것은 몹시 안타까운 일이다.

나는 준비과정이 복잡하기는 했지만 결혼식 날은 '세상에서 가장 행복한 날'이었다. 눈코 뜰 새 없이 순식간에 지나갔지만 그 순간순간의 기억이 아직도 생생하고, 태어나서 가장 많은 사람에게서 축하를 받은 날이었다. 그 중심에 있을 때가 말 그대로 가장 행복한 순간이었다.

결혼 준비를 하면서 아내와 딱 한 번 사소한 다툼이 있었지만 그것 말고는 큰 걱정 없이 결혼했다. 많은 사람의 축하와 도움을 받은 것도 크지만 그 중에서도 가장 신경 쓰이는 신혼집이 이미 마련되어 있었다.

아직 결혼하지 않은 독자라면 꿈에 그리는 신혼집, 이미 결혼한 독자라면 조금 더 깨끗하고 좋은 집으로 이사 가기를 희망할 것이다. 모두 내집 마련의 꿈이 있는 것이다.

하지만 번듯한 내집을 마련하려면 돈이 있어야 하고, 그 정도 돈을 모으려면 몇 년이 걸릴지 알 수 없다. 그러므로 여유가 있는 사람들은 여유 자금으로 내집을 마련하면 되지만 나와 같은 흙수저인 사람들은 내집 마련에 앞서 투자가 선행되어야 한다.

먼저 투자한 후에
내집을 마련하자

다음 그림은 KB부동산에서 2018년 11월 30일자로 제공한 전국 아파트 평균 시세다. 매매 가격이 전국 평당 1,152만 원이라고 한

출처: KB부동산

다. 신혼부부나 아이가 없는 부부들이 많이 거주하는 24평을 기준으로 할 때 2억 7천만 원 정도 된다.

집을 살 때 대출이 없으면 좋겠지만 대개는 여력이 되지 않아 대출을 이용하게 된다. 집값의 50% 정도를 대출한다고 하더라도 목돈이 1억 3천만 원 정도 필요하다. 주택자금에 필요한 1억 3천만 원에 결혼 비용까지 합치면 돈이 1억 5천만 원 이상 필요하다. 직장생활을 하면서 1년에 1,500만 원씩 10년을 모아야 한다는 계산이 나온다. 중간에 돈이 필요한 일이라도 생기면 10년 넘게 걸릴 수도 있다.

나는 아파트투자를 할 때 목표수익률을 2년에 100% 정도로 잡는다. 시기에 따라서 목표를 조금 더 보수적으로 잡아야 할 때도 있고, 최종 수익률이 목표치보다 상회하는 경우도 있다. 1년에 1,500만 원씩 2년 동안 모은 3천만 원을 투자한다고 가정해보자. 3천만 원을 투자해서 수익률 100%를 달성하게 되면 2년 뒤 6천만 원이 된다. 또 아파트 가격이 올라가는 2년 동안 월급으로 3천만 원을 더 모으게 되므로 목표를 달성했을 경우 4년 만에 9천만 원을 모을 수 있게 된다.

4년간 적금만으로 모을 수 있는 6천만 원과 비교해도 50%가량 더 많은 금액이지만 이것은 시간이 갈수록 더욱 큰 격차를 만들어낸다. 투자를 병행해 4년간 모은 9천만 원을 다시 투자해서 수익률 100%를 달성할 경우, 투자 원금과 수익금을 합한 1억 8천만 원과 적금으로 모은 3천만 원을 합하면 6년 만에 2억 원 이상의 자금을 모을 수 있다. 열심히 직장생활을 하며 10년을 모으면 1억 5천만 원이 되는데, 아파트투자를 하면 6년 만에 2억 원을 모으게 되는 것이다.

물론 아주 단순화한 계산이고 목표를 무조건 달성한다는 보장도 없지만 열심히 하면 충분히 가능한 목표다. 나는 투자 시기가 나쁘지 않았고, 좋은 사람들을 만났으며, 운도 좋아 조금 공격적으로 투자해서 3년 만에 더 많은 것을 이루었다. 내가 직접 해보았기 때문에 충분히 가능한 목표라고 말하는 것이다.

거주하는 지역의 아파트 가격이 상승하고 있거나 침체기에 접어든 지 적정 기간이 지났다면 투자에 앞서 대출을 활용하더라도 내집 마련을 먼저 하는 것이 좋을 수도 있다. 하지만 그렇지 못한 지역에 거주하거나 대출을 활용하더라도 집을 마련할 자금이 부족한 사람은 투자를 먼저 해야 한다.

평범하게 직장생활을 하면서도 아파트투자로 누구나 자산을 불리고, 번듯한 내집을 마련할 수 있다. 여기에 당신이 조금 더 노력한다면 경제적으로 큰 부족함 없이 살아갈 정도의 부를 축적할 수 있다.

아파트투자의
종류를 알자

아파트투자에도 4가지 종류가 있다.
기본 개념을 익히고 나에게 맞는 투자 방법을 선택하자.

부동산 중에서 우리 삶과 가장 밀접하고 선호도가 높은 주거 형태인 아파트에 대한 투자 이야기를 다루고 있다. 그렇다면 아파트에 투자하라는 것은 알겠는데 어떤 종류의 투자가 있을까? 아파트투자의 여러 종류에 대해 여기에서는 큰 틀만 짚고 넘어가겠다.

우리는 학문을 연구하는 것이 아니므로 실제 투자에 필요한 내용만 체크해보자. 아파트는 이미 지어진 '기존 아파트'와 새롭게 '신축 아파트가 될 것(3가지)'으로 구분할 수 있다. 이 4가지에 대해 얘기할 텐데, 종류마다 투자 방식이 조금 다르지만 모두가 '아파트'로 연결되는 것은 틀림없다. 따라서 각각의 투자 방법의 개념을 알면 아파트가 어떻게 형성되고 어떻게 움직이는지 조금은 이해가 될 것이다.

아파트투자의
4가지 종류

기존 아파트에 투자(갭투자)

기존 아파트에 투자하는 것은 가장 쉽게 접근할 수 있는 방식이다. 쉽게 말해 기존에 지어져 있는 아파트를 사서(매수) 임대를 하는 것이다. 이것이 내가 주로 하는 투자 방식이다. 일명 '갭투자'라고 많이 얘기한다. 매매 가격과 전세 가격의 갭 차이만으로 투자한다는 뜻이다. 임차인을 구해 전세를 내줄 수도 있고, 대출과 월세로 세팅할 수도 있다.

지역마다 시세가 다르고 투자자마다 성향이 다르겠지만, 나는 월세보다는 전세로 세팅하는 투자를 선호한다. 월세로 세팅하려면 대출을 내고 대출이자보다 많은 월세가 들어오게끔 해야 투자금을 최소화하고 월수익이 발생하는데, 최근에는 각종 규제로 대출도 힘들 뿐더러 월세로 세팅할 경우 통상적으로 전세 세팅에 비해 투자금이 더 많이 들어가기 때문에 전세 세팅을 선호한다.

월세는 시세가 크게 변하지 않는 성향이 있어 침체중인 지역에서도 안정적으로 월세를 받을 수 있지만 투자금을 최소화해 전체 자산 크기를 먼저 늘려 수익을 극대화하기에는 전세 세팅이 유리하다고 생각한다. 그 대신 전세를 이용할 경우 매매 가격만큼 전세 가격의 흐름이 매우 중요하기 때문에 항상 전세 가격을 예의주시해야 한다.

투자자들이 가장 많이 하는 투자 방법이고, 나 역시 '갭투자'로 수익을 올리고 있다. 갭투자에 대해서는 뒤에서 좀더 자세히 살펴보자.

분양권에 투자

신축 아파트 분양권에 투자하는 것이다. 우리나라는 선분양제를 시행하고 있다. 따라서 아파트를 짓기 전에 건설사에서 어디에 어떻게 아파트를 지을지 공고하고, 해당 아파트를 분양받기 원하는 사람들이 주택청약을 하게 된다.

청약 접수자 중 일정한 방식에 따라 당첨자를 선정한다. 당첨되어 건설사와 계약하면 아파트가 완공된 뒤 입주할 수 있는 분양권이 부여된다. 분양권 투자라 함은 추후 가격이 오를 것이라는 가정 아래 청약에 당첨된 사람의 분양권을 사는 것이다. 지역에 따라 '프리미엄'이라는 웃돈이 있을 수도 있고 없을 수도 있지만, 분위기 침체가 심화된 지역에서는 '마이너스 프리미엄'이라고 해서 분양가보다 저렴하게 살 수도 있다. 아니면 분양하는 세대수 대비 청약 접수자가 미달되어 미분양된 분양권을 건설사로부터 청약 없이 바로 살 수도 있다.

분양권 투자가 좋은 이유는 최초 계약시 건설사에 지불한 계약금 10%와 파는 사람(매도인)에게 주는 프리미엄 외에는 아파트가 완공될 때까지 추가로 돈이 들어가지 않아 새 아파트에 대한 예비 소유권을 비교적 적은 자금으로 가질 수 있기 때문이다.

재개발에 투자

재개발은 도시계획사업의 일종으로 낙후된 지역을 허물고 기반시설을 재정비한 뒤 그 지역에 아파트를 새로 짓는 도시재정비사업이다. 연산3구역, 전포1-1구역 같이 '○○구역'으로 지정된 곳은 대부분 재개발지역이라고 생각하면 된다.

지정된 재개발구역 내에 부동산을 소유한 사람이 일정 조건을 갖추고 해당 구역 '조합'에 가입하면 '조합원'이 된다. 새로 지을 아파트의 총세대에서 조합원들에게 비교적 저렴하게 분양해주고, 나머지 세대는 주택청약으로 일반 분양을 하게 된다. 따라서 조합원이 되면 아파트가 완공되었을 때 입주할 수 있는 입주권을 받는다. 재개발 투자라고 하면 조합원의 입주권을 사들이는 것이다.

입주권은 분양권과 다르다. 조합원 분양 가격이 따로 있어 조합원은 추후 일반인에게 분양하는 가격보다 저렴하게 분양받을 수

: 재개발 절차 :

| 기본계획 수립 | → | 정비구역 지정 | → | 추진 위원회 구성 | → | 조합설립 | → | 시공사 선정 | → | 사업시행 인가 | → | 종전자산 감정평가 | → | 조합원 분양신청 | → |
| 관리처분 계획 | → | 관리처분 인가 | → | 이주 및 철거 | → | 조합원 동호수 추첨 | → | 착공 | → | 일반 분양 | → | 준공 및 입주 | → | 청산 및 해산 |

있고, 발코니 확장비 무료와 가전제품 제공 같은 여러 혜택을 받을 수 있는데 이것만 해도 수천만 원에 달한다. 그리고 조합원은 본인이 구역 안에 소유하고 있던 부동산에 대한 감정평가를 받게되는데, 아파트 완공시 최종 감정평가 금액과 조합원 분양가의 차액만큼만 추가로 내고 입주할 수 있다.

입주권은 조합원 혜택이 많기 때문에 일반 분양권보다 프리미엄이 비싼 편이다. 입주권에 프리미엄을 포함하더라도 대부분 '일반 분양'한 분양권에 프리미엄을 합한 가격보다 저렴하기 때문에 입주권에 투자하려고 하지만 상대적으로 높은 프리미엄 때문에 초기 투자금이 분양권에 비해 많이 들어가는 편이다.

재개발은 절차가 복잡하고, 시간도 오래 걸린다. 최근에는 재개발 초기 단계에 투자해서 오랜 시간 묵혀두는 투자보다 어느 정도 가시화하는 단계인 '사업시행 인가' 또는 마무리 단계에 접어드는 '관리처분 인가' 단계 전이나 후까지 진행된 구역에 투자를 많이 한다.

재건축에 투자

재건축은 재개발과 비슷하지만 낙후된 주거지 일대를 재정비하는 재개발과 달리 기존에 있던 아파트를 허물고 새로 아파트를 짓는 것이다. 기존의 아파트를 허물게 되므로 결국 땅 지분이 얼마나 되는지가 중요하게 된다. 아파트는 한정된 토지에 올린 층수만큼 세대가 사는 주거 형태이기 때문에 재건축 대상 아파트의 층수가 높을수록 토지 면적 대비 세대수가 많아서 세대별로 나눠 갖는 토지 소유 지분은 적어진다. 그래서 층수가 낮고 대지 지분이 많은 아파트가 사업성이 좋아 재건축이 잘 진행될 확률이 높다.

강남의 재건축 대상 아파트들은 대체할 수 없는 뛰어난 입지에 추후 일반 분양가가 높을 것으로 예상되어 대부분 중층 이상인데도 사업성이 있다고 본다. 재건축도 재개발과 마찬가지로 원활하게 진행되는지가 중요하다.

아파트투자의 4가지 종류

✓ **갭투자**: 기존 아파트를 매수해서 전세 또는 대출+월세로 임대하고 시세차익을 노리는 투자
✓ **분양권투자**: 주택청약 당첨자의 '분양권'을 매수한 뒤 시세차익을 노리는 투자
✓ **재개발투자**: 재개발구역 내 조합원의 입주권을 매수하는 투자. 일반 분양가보다 분양 가격이 저렴하고 각종 혜택이 많은 조합원 입주권
✓ **재개발투자**: 허물고 새로 지어질 오래된 아파트를 사는 투자. 재개발과 유사

자신에게 맞는
투자 방법을 선택하자

각자 투자 가능한 금액과 투자 성향에 따라 어디에 투자할지 판단하면 된다. 다만 투자 방법별로 어떤 위험성이 있는지 잘 파악하고 대비해야 한다. 잃지 않는 투자를 해야 오래 투자할 수 있다.

재개발과 재건축은 일반 분양까지 절차와 이해관계가 복잡하므로 기본 절차를 숙지해야 한다. 특히 사업이 원만하게 진행되는 지역인지 파악하고, 일반 분양까지 어느 정도 가시화한 뒤에 투자할 필요가 있다.

분양권은 프리미엄이 사람들의 심리에 영향을 많이 받는 종목이므로 가격 변동성이 다른 종목보다 클 수 있다. 분양권을 아파트가 준공되기 전에 팔면 괜찮지만, 팔고자 할 때 팔리지 않을 수도 있다. 또한 완공된 뒤 가격이 더 오를 것 같아 잔금을 납부하고 소유권 이전 등기를 한 뒤 임대하려고 할 때 예상보다 임대 가격이 받쳐주지 않을 수도 있다. 이때 투자금이 추가로 들어갈 수 있으므로 이 부분을 대비해야 한다.

기존 아파트의 전세를 이용한 갭투자는 시장 상황에 따라 전세 만기시 전세 가격이 떨어지는 역전세를 맞게 되거나 원하는 시점에 매도되지 않는 상황이 발생할 수 있다. 그러므로 항상 투자는 신중히 결정해야 한다.

나는 초기 투자에서는 사회 초년생으로 자금이 넉넉지 않아 가장 쉽게 접근할 수 있고, 다른 종목보다 소액으로 규모를 키울 수 있는 갭투자를 선호했고 지금도 이를 주종목으로 하고 있다. 오래된 아파트, 완공된 지 얼마 되지 않은 신축 아파트, 분양권, 재개발, 재건축 등 종목별로 가격이 오르는 시기가 조금씩 다르기 때문에 투자 시기별로 트렌드에 맞게 투자할 수도 있고, 주종목을 정해 기존 아파트 갭투자만 주로 할 수도 있는데 이는 직접 공부하면서 자기 성향에 맞게 판단하면 된다. 주변의 기존 아파트나 아파트 건설현장을 보며 조금씩 관심을 가져보자.

부동산 공부,
어떻게 시작해야 하나?

초심자들의 가장 큰 고민이자 3년 전 나의 고민,
'아파트 공부를 어떻게 시작해야 하나요?'

부동산 공부를 정말 하고 싶은가? 그렇
다면 우선 당장 행동으로 옮겨라. 부동산을 처음 접하는 분들의
가장 큰 고민은 "관심은 있는데 어떻게 시작해야 할지 모르겠어
요"다. 말로만 하고 싶다고 하는 사람들을 너무 많이 보았다. 대부
분 돈 버는 것이 부러워서 말만 던졌을 뿐 구체적인 목표가 없고,
행동에 옮기지 않는다.

처음 시작할 때 막연하고 두려운 마음은 누구나 가지게 된다. 다
만 성공한 사람이 그렇지 않은 사람과 다른 점은 사소한 것부터
일단 행동으로 옮겼다는 것이다. 나는 현재 부동산 공부를 하려고

하는 것들이 꽤 많다. 경제뉴스, 밴드, 블로그, 카페, 글쓰기, 통계, 지도, 시세 조사, 현장 방문, 투자까지 많은 매체를 활용해 다양하게 공부하고 있다. 이 중에서 당장 스스로 할 수 있는 것부터 행동으로 옮기면 된다.

책을 읽어 지식을 늘려가고 당장 집 근처 부동산에 들어가봐야 한다. 두려움은 행동으로 옮길수록 조금씩 사라질 것이다. 그런 면에서 볼 때 지금 이 책을 읽는 분들은 반은 성공한 셈이다. 책을 찾아 읽음으로써 행동으로 옮겼기 때문이다.

눈에 잘 들어오지 않아도 부동산 뉴스를 보고, 책을 사서 읽고, 강의를 듣고, 주변 아파트의 매매 가격은 얼마인지, 전세 가격은 얼마인지 하나씩 관심을 가져보자. 꾸준히 하나씩 해나가면 분명 성과가 있을 것이다. 나도 3년 전에는 같은 고민을 했다. 그럴 때는 할 수 있는 것부터 차근차근 하면 된다.

질 높은 책과
강연을 섭렵하라

둘째, 질 높은 책과 강연을 섭렵하라. 보통 처음에는 부동산 관련 책을 보는 것으로 시작한다. 나도 마찬가지였다. 책으로 처음 접하고, 괜찮은 책은 저자에게 관심이 생겨 저자가 운영하는 카페나

블로그에 들어가 보기도 하고, 필요하면 저자 강의를 듣기도 했다.

책과 강연은 필요한 지식을 빠르게 얻을 수 있는 가장 효율적인 방법이라고 생각한다. 저자나 강사가 그동안 쌓아온 경험과 노하우를 집약해서 배울 수 있기 때문이다.

하지만 분명 주의할 점도 있다. 특히 돈과 관련된 재테크 분야에서는 강사의 말을 맹신하고 무작정 따라 하기보다는 경계할 필요가 있다. 부동산투자를 1~2년만 하고 그만둘 것이 아니라면 강사의 지식과 노하우를 바탕으로 스스로 공부하는 법을 가르쳐주는 강연을 들어야 하며, 당장 투자를 권유하는 강사는 각별히 조심해야 한다.

물론 실전 투자자인 강사는 자기 기준에 좋다고 판단되는 지역을 이야기할 수 있다. 좋은 마음으로 지역을 조심스럽게 언급하는 것과 달리 특정 지역, 특정 아파트 단지를 반복적으로 언급하며 일부러 그곳을 띄우거나 투자를 권유하는 사람을 구분하라는 것이다. 지나치게 돈을 좇으면 오히려 돈을 벌 수 없다.

한 경매학원에서 하는 특강을 들은 적이 있다. 대단한 성공 사례를 소개하며 수업 내용대로 하면 무조건 돈을 벌 수 있다는 식

---

warning

✓ 특정 지역, 특정 아파트를 반복적으로 언급하며 일부러 그곳을 띄우거나 당장 투자를 권유하는 곳, 상업성이 강한 곳은 경계하라!

이었는데, 강사의 실제 실력과 별개로 상업성이 너무 강한 수업이었다. 그 특강의 결론은 고액의 학원 수업을 수강하라는 것이었다. 진정성 있는 강사와 강연은 자연스레 사람이 모이고 더불어 돈도 따라온다고 생각한다.

물론 고액 강연이 투자의 밑거름이 될 수 있는 질 좋은 강의라면 고액이라도 강의료를 지불할 가치가 있을 수 있다. 하지만 수강생을 위하는 진정성 없이 상업성만 짙은 곳은 실제 성과를 떠나나와 성향이 맞지 않아서 강의가 끝나기 전에 가방을 들고 나온적이 있다. 진정성 있는 질 높은 강의를 섭렵해야 한다.

나를 도와줄
멘토를 찾아라

셋째, 멘토를 찾아야 한다. 강사들 중에는 당연히 좋은 강사도 많다. 강의를 듣다보면 나와 성향이 비슷하거나 수강생들의 고민을 귀담아듣고 도와주려는 좋은 강사가 있다. 이런 강사는 가까이하면 좋다. 나의 멘토가 될 수도 있다.

투자를 하다보면 혼자 판단하기 힘들 때가 많다. 이럴 때 아무래도 나보다 경험이 많고 판단력이 좋은 멘토에게 조언을 구할 수 있다. 하지만 투자에서의 최종 판단은 본인 몫이라는 것은 항상 유념해야 한다.

나에게도 멘토가 있다. 그분은 많은 분의 멘토이지만 내가 적극적으로 투자할 수 있게 도움을 많이 주셨다. 처음에 책을 읽고 강의를 듣게 되었는데, 물론 처음부터 신뢰하지는 않았다. 그런데 강의를 들을수록 실력은 물론 사람 자체가 너무 좋아서 믿고 따르게 되었다.

멘토를 통해 아파트시장의 큰 그림을 읽는 법, 흐름을 보는 법 같은 아파트투자에 필수적인 요소들을 배웠다. 그 이후 실전 투자를 지속하면서 혼자 해결하기 어려운 일이 발생했을 때 도움을 요청하면 항상 지혜로운 답변을 들을 수 있었다. 지난 3년간 투자 생활에 든든한 지원군이 있었던 것이다. 이렇게 멘토가 있으면 실제 투자에 관한 것뿐만 아니라 항상 어느 정도 리스크를 감수해야 하는 투자 세계에서 초보자가 심리적으로 상당한 안정감을 느낄 수 있다.

나는 아직 많이 부족하고 공부할 것이 많다. 하지만 처음 시작할 때 '나도 할 수 있을까?'라는 막연함과 두려움을 가졌고 그 과정을 먼저 겪었기에 지금 처음 발걸음을 떼려는 사람들에게 조금이나마 도움이 되고 싶다. 이 글이 막연함과 두려움에 망설이는 분들에게 조금이나마 멘토링이 될 수 있기를 바란다.

각종 커뮤니티를 활용하되
최종 판단은 본인이 하라

넷째, 각종 커뮤니티를 활용하라. 밴드, 카페, 블로그 등 부동산과 관련된 커뮤니티가 활발하게 활동하고 있다. 공부를 하다보면 아무래도 혼자 모든 공부를 하기는 한계가 있다. 그럴 때 커뮤니티를 활용하면 다양한 사람과 정보를 나누면서 부족한 부분을 어느 정도 채울 수 있다. 나도 현재 밴드 4개, 주 1회 스터디, 블로그 운영으로 사람들과 교류하고 있다. 커뮤니티 활동을 할 때는 내가 먼저 도움을 줄 수 있도록 공부가 선행되어야 한다.

다섯째, 반드시 혼자만의 시간을 가져야 한다. 투자를 하고 각종 커뮤니티에서 활동하다보면 양질의 정보를 바탕으로 직접 판단해서 투자하기보다는 활동은 많이 하는데 공부가 부족해 여기저기서 들은 정보로 남에게 의존하는 투자를 하는 사람들이 있다. 책과 강연, 커뮤니티에서 들은 정보, 현장 부동산 중개사무소에서 들은 내용, 조사한 통계를 바탕으로 스스로 정리하고 직접 확인해보아야 한다. 그래야 지식을 내 것으로 만들고 스스로 확신을 가져 투자할 수 있다. 궁극적으로는 혼자만의 시간을 가지고, 지식을 나만의 방식으로 업그레이드하는 것이 최종 목표가 되어야 한다.

여섯째, 합리적으로 판단하고 스스로 결정해야 한다. 투자 여부의 최종 결정은 항상 스스로 하는 것이다. 듣고 하는 투자보다는 보고 생각해서 하는 투자가 되어야 한다. '어디에 투자를 많이 한다더라, 어디가 좋다더라' 식의 카더라 통신에 의존하는 투자는 결과가 좋지 않을 때 남을 탓하게 된다. 좋은 정보라고 하더라도 스스로 한 번 더 살펴보고 생각해봐야 한다.

자기 상황은 자신이 가장 잘 안다. 개인마다 투자 성향과 자금, 여건이 모두 다르기 때문에 각종 정보와 멘토의 조언, 지식, 자기 상황 등 모든 것을 종합해서 다시 한 번 고민한 뒤 합리적으로 결정해야 한다. 내가 투자한 부동산의 가격이 오르지 않거나 떨어지더라도 누구를 탓할 필요도 없고, 탓해서도 안 된다. 내 돈은 오직 내가 지켜야 한다.

지금까지 이야기한 다음 사항들을 유념해서 아파트 공부의 방향을 잡아보자.

1. 당장 행동으로 옮겨라.
2. 질 높은 책과 강연을 활용하라.
3. 멘토를 찾아라.
4. 각종 커뮤니티를 활용하라.
5. 반드시 혼자만의 시간을 가져라.
6. 합리적으로 판단하고 스스로 결정하라.

처음에는 누구나 다른 사람에게 의존하며 공부할 수밖에 없다. 먼저 시작해서 성공한 사람들이 당연히 나보다 낫기 때문이다. 그 대신 능동적으로 생각하고 스스로 실력을 지속적으로 쌓아야 한다. 그리고 스스로 판단해 과감히 투자할 수 있도록 한 걸음씩 천천히, 꾸준히 나아가야 한다. 끝까지 살아남는 성공한 투자자가 되기 위해서 말이다.

전용면적? 공급면적?
헷갈리는 면적 이해하기

아파트 면적에는 6가지 종류가 있다.
우리 집이 몇 평인지부터 제대로 알자.

투자를 하기 전에 먼저 우리 집이 몇 평인지부터 정확하게 알자. 얼마 전 결혼을 앞둔 친구와 잠깐 이야기를 했다. 여자친구와 신혼살림을 할 전셋집을 알아보았는데 17평이고 2억 3천만 원이라고 했다. 그런데 조금 이상했다. 아파트 이름을 들어보니 그 아파트에는 17평도 없고, 17평치고는 전세 가격이 너무 세다고 생각되어 다시 물어보니 면적이 59㎡라고 했다. 아마도 부동산 소장님이 전용면적이 17평이라고 설명한 것을 듣고 한 말 같았다.

이처럼 자칫 헷갈릴 수 있는 아파트의 각종 면적 표시를 정확하게 알아야 한다. '1평=3.3058m², 1m²=0.3025평'은 평형과 제곱미터를 상호 변환할 때 계산하는 방식이니 참고하자.

아파트 면적의
종류 6가지

아파트 평면도에서 '전용면적 84.6000m², 공급면적 114.3450m², 계약면적 174.1570m²'라고 했을 때를 예로 들어보자. 아파트 면적에는 전용면적, 주거 공용면적, 공급면적, 기타 공용면적, 계약면적, 서비스 면적 등 면적의 종류가 다양하다.

첫째, '전용면적'은 해당 동, 호수의 현관문을 열고 들어가는 순간부터 실질적으로 우리 가족만이 사용하는 면적을 말한다. 앞에서 친구가 17평이라고 한 것은 이 전용면적을 말한다. 17평을 제곱미터로 계산하면 59m²가 된다. 아파트를 신규 분양할 때는 59A형, 59B형, 84A형 같이 평형(59, 84)별, 타입(A, B)별로 평면도가 나오는데 여기 나오는 숫자 84A는 전용면적을 기준으로 한다. 이때 발코니 부분은 전용면적에서 제외된다.

둘째, '주거 공용면적'에서 공용면적은 말 그대로 다른 세대와 공동으로 사용하는 공간의 면적이다. 공용면적에는 주거 공용면적과 기타 공용면적이 있다. 주거 공용면적은 엘리베이터, 현관 앞

복도, 계단처럼 공동으로 사용하는 면적 중 주거와 직접 관련된 공간을 말한다.

셋째, '공급면적'은 전용면적+주거 공용면적을 말한다. 주거에 직접적으로 사용하는 공간을 합한 것인데, 공급면적이 114.3450m²라고 했으니 평형으로 변환하면 '114.3450m² × 0.3025=34.5893'이므로 공급면적 34평이 된다. 우리가 흔히 말하는 아파트 평형은 이 공급면적을 기준으로 한다. 아마 친구가 본 아파트의 공급면적은 24평이었을 것이다.

넷째, '기타 공용면적'이다. 기타 공용면적은 지하주차장, 경로당, 피트니스센터 같이 주거 공간 외에 공용으로 사용하는 면적을 말한다.

다섯째, '계약면적'이다. 계약면적은 전용면적, 주거 공용면적, 기타 공용면적을 모두 합한 면적을 말한다.

여섯째, '서비스 면적'이다. 서비스 면적은 다른 종류의 면적에 포함되어 있지 않다. 예를 들면 발코니 부분을 말한다. 이 부분은 분양 가격에 포함되지 않는다. 간혹 서비스 면적이 크게 나온 아파트들이 있는데 이런 아파트는 확장할 경우 같은 평형의 다른 아파트보다 집이 넓다. 분양 가격에 포함되지는 않지만 발코니 확장 시 1천만 원 전후의 확장 비용을 내게 된다.

우리 집은
제곱미터당 얼마일까?

아파트에 관해 이야기할 때는 대부분 전용면적, 공급면적을 자주 언급하고, 나머지 4가지 면적에 대해서는 많이 얘기하지 않는다. 하지만 알고 얘기하지 않는 것과 모르고 얘기하지 않는 것은 차이가 크니 알아두는 것이 좋다.

신규 아파트 분양시 분양 가격에는 서비스 면적을 제외한 모든 면적의 가격이 포함되어 있다. 하지만 흔히 분양 가격을 공급면적 기준으로 나눠 '제곱미터당(평당) 얼마' 식으로 계산한다. 자신이 살고 있는 집부터 정확한 면적을 확인해보자.

> ㉠ 공급면적 106.8m², 전용면적 84.8m²인 아파트 매매 가격이 2억 5천만 원이라면 '106.8m² × 0.3025 = 대략 32평'이므로 평당 780만 원이 된다.

면적을 착각해 실수를 범하는 일이 없도록 하자.

✓ **전용면적**: 우리 가족만 사용하는 내부 면적(발코니 제외)
✓ **주거 공용면적**: 공용으로 사용하는 현관 앞 복도, 엘리베이터, 계단
✓ **공급면적**: 전용면적+주거 공용면적
✓ **기타 공용면적**: 공용으로 사용하는 주거 외 시설(지하주차장, 커뮤니티 시설 등)
✓ **계약면적**: 전용면적+주거 공용면적+기타 공용면적
✓ **서비스 면적**: 발코니 면적

아파트의 신분증인
등기부등본 보는 법

사람에게 주민등록등본이 있듯이 부동산에는 등기부등본이 있다.
기본적인 등기부등본 보는 법을 알아보자.

사람에게 주민등록등본이 있고 법인체에 법인 등기부등본이 있듯이 부동산에도 등기부등본이 있다. 부동산 거래를 할 때 반드시 확인해야 할 것이 바로 등기부등본이다. 등기부등본을 보면 해당 부동산의 과거와 현재 상태를 알 수 있으므로 거래하기 전 해당 부동산에 아무런 법적 문제가 없는지 등기부등본을 보며 반드시 확인해야 한다.

공인중개사를 통해 거래할 때는 공인중개사가 확인해주지만 부동산 공부를 하는 사람으로서 기본적으로 부동산 등기부등본 보는 법은 알아야 한다. 경매를 할 때는 온갖 특수 권리가 얽혀 있는 경우도 있으므로 등기부등본을 볼 줄 알아야 한다. 경매가 아닌 일반 거래를 할 때는 특수 권리가 얽혀 있는 경우는 거의 없고, 만약 그런 물건이라면 거래하지 않으면 되므로 등기부등본이 어떻게 생겼는지 구성과 기본적으로 봐야 하는 부분을 간략히 살펴본다.

등기부등본의 3분류인
표제부, 갑구, 을구

등기부등본은 아파트, 오피스텔 같이 같은 주소에 다수 세대가 거주하고 세대별로 소유자가 따로 있는 경우에는 '집합건물'로 분류되어 해당 호수의 등기부등본 하나만 확인하면 되지만 그밖에 주택, 빌딩, 다가구주택처럼 1개 주소에 다수 세대가 거주하지만 소유주는 1명인 경우에는 '토지'와 '건물'의 등기부등본이 따로 있으니 둘 다 확인해야 한다.

등기부등본은 인터넷 등기소에서 주소를 입력하면 열람하거나 출력할 수 있다. 비용은 열람 700원, 발급 1천 원으로 저렴하니 아끼지 말고 반드시 확인하자.

등기부등본을 열면 '표제부' '갑구' '을구'라는 3종류의 페이지가 나온다. 그리고 열람할 때 이미 말소되어 유효하지 않은 과거 사항들을 포함할 수도 있고, 유효한 사항들만 볼 수도 있다.

┊ 등기사항전부증명서(말소사항 포함) - 집합건물 ┊

[집합건물] 부산광역시 해운대구 좌동   고유번호

【 표 제 부 】		(1동의 건물의 표시)		
표시 번호	접수	소재지번, 건물명칭 및 번호	건물 내역	등기원인 및 기타사항
~~1~~ (전1)	~~1996년 12월 13일~~	부산광역시 해운대구 좌동	~~철근콘크리트조 슬라브지붕 21층~~ ~~아파트 1층 159.00㎡ 2층 150.66㎡~~	~~도면편철장 제11책 제202장~~

┊ 갑구 ┊

【 갑 구 】		(소유권에 관한 사항)		
순위 번호	등 기 목 적	접 수	등 기 원 인	권리자 및 기타사항
1 (전2)	소유권이전	1996년 12월 13일 제85161호	1994년 11월 25일 매매	소유자

┊ 을구 ┊

【 을 구 】		(소유권 이외의 권리에 관한 사항)		
순위 번호	등 기 목 적	접 수	등 기 원 인	권리자 및 기타사항
~~1~~ (전1)	~~근저당권설정~~	~~1996년 12월 13일~~ ~~제85570호~~	~~1996년 11월 11일~~ ~~설정계약~~	~~채권최고액 금15,600,000원~~ 채무자 근저당권자 은행 서울

표제부

위 그림은 부산 해운대구 좌동에 있는 한 아파트의 등기부등본이다. 이 그림에서 맨 위는 가장 먼저 나오는 '표제부'의 일부다. 표제부에는 주소, 구조, 면적 등 해당 아파트에 대한 기본 정보가 나온다. 아파트의 경우 해당 주소와 면적 정도만 확인하면 된다. 단독주택, 빌딩 같이 개별성이 강한 부동산은 정확한 면적을 확인하고 건축물대장, 토지이용계획확인원 같은 다른 서류들도 확인할 필요가 있다.

갑구

다음은 '갑구'의 일부다. 갑구 옆에 보면 '소유권에 관한 사항'이라고 나와 있다. 말 그대로 해당 부동산의 '소유권'에 관한 내용인데 소유권이 언제 누구에게 이전되었는지, 공동명의인지, 또한 가압류, 가등기, 가처분, 경매개시결정 같이 소유권에 영향을 줄 수 있는 다른 권리가 있는지 표시된다. 빨간 줄로 말소 표시가 된 권리는 현재 유효하지 않으니 신경 쓸 필요가 없다. 경매 입찰이 아닌 일반 매매계약일 때는 대부분 갑구에 현재 소유자 외에 특별한 권리 문제는 없으나 확인은 해야 한다. 그리고 거래할 때 계약서상 매도자의 인적 사항과 등기부등본 갑구에 나와 있는 '현재 소유권자'가 동일한 사람인지 신분증을 보고 반드시 확인해야 한다.

을구

일반 매매에서 가장 눈여겨봐야 할 것은 '을구'다. '소유권 이외의 권리에 관한 사항'이라고 되어 있다. 전세권, 저당권, 근저당권 등의 권리가 기재될 수 있는데, 가장 흔한 것이 이 그림과 같이 근저당권(대출)이 설정되어 있는 경우다. 해당 부동산을 담보로 대출을 얼마나 받았는지 나타내는 것이다. 대출해주는 은행에서 등기부등본에 근저당권을 설정할 때 '채권최고액'을 대출금의 120~130%로 설정한다.

예를 들어 앞 그림의 경우 채권최고액 1,560만 원이 설정되어 있다. 1,560만 원은 대출금의 120~130%이므로 역으로 계산하면 대출금은 1,200만 원이나 1,300만 원 정도 된다. 따라서 당시 집주인이 1,200만 원이나 1,300만 원을 대출받았다는 것이다. 다만 대출받은 뒤 대출금 일부를 갚았는지는 확인할 수 없다. 대출금을 상환할 때마다 은행에서 일일이 등기부등본에 등재하는 것은 아니기 때문이다.

매매거래를 할 때는 잔금 날 통상 매도인이 현재 설정되어 있는 대출을 모두 상환하고 등기부등본상 근저당권을 말소한 뒤 깨끗한 상태로 거래하는 것을 조건으로 한다. 그렇기 때문에 대부분 매매거래는 매도인의 대출금이 크게 문제되지 않는다. 하지만 전세나 월세로 들어갈 경우에는 '을구'에 있는 근저당권이 상당히 중요하다.

세입자(임차인)는 자신이 낸 보증금을 보장받으려면 '전입신고 후 확정일자'를 받거나 '전세보증보험 가입'이나 '전세권설정' 등의 방법으로 자신의 권리를 보장받을 수 있는 발판을 만들어놓아야 한다. 3가지 방법 모두 보장받는 내용은 비슷하다. 전세보증보험과 전세권설정에 대해서는 뒤에서 간략히 설명하겠다.

전입신고와
임차인의 권리

전입신고를 할 경우 해당 부동산에 대한 임차인의 권리 순위는 전입신고 날짜가 기준이 된다. 그밖에 등기부등본에 기재되어 있는 각종 권리들 또한 특별한 경우를 제외하면 '날짜'순으로 권리 순위가 부여된다.

부득이하게 집이 경매로 넘어갈 경우 누군가 낙찰을 받게 되고, 낙찰금액 내에서 등기부등본의 권리 순위대로 자신의 채권 금액만큼 배당을 받게 된다. 즉 전입신고 날짜보다 우선해 대출이 있다면 대출해준 금융기관의 권리가 우선한다는 것이다. 구체적인 예를 들어보자.

> **예** 강남아파트 1동 101호에 기존 대출이 1억 원 있고, 이 아파트에 '나전세' 씨가 전세보증금 1억 원에 전세입자로 들어간다고 가정해보자. 만약 이 아파트의 주인이 대출금을 갚지 못해 경매로 넘어가게 되었는데 1억 5천만 원에 낙찰되었다면 어떻게 될까?

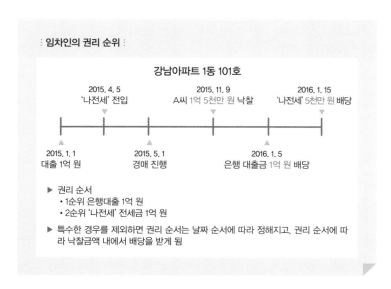

: 임차인의 권리 순위 :

강남아파트 1동 101호

| 2015. 4. 5 | 2015. 11. 9 | 2016. 1. 15 |
| '나전세' 전입 | A씨 1억 5천만 원 낙찰 | '나전세' 5천만 원 배당 |

| 2015. 1. 1 | 2015. 5. 1 | 2016. 1. 5 |
| 대출 1억 원 | 경매 진행 | 은행 대출금 1억 원 배당 |

▶ 권리 순서
• 1순위 은행대출 1억 원
• 2순위 '나전세' 전세금 1억 원
▶ 특수한 경우를 제외하면 권리 순서는 날짜 순서에 따라 정해지고, 권리 순서에 따라 낙찰금액 내에서 배당을 받게 됨

위 그림처럼 권리가 생긴 날짜 순서대로 순위가 매겨지고, 경매 낙찰된 금액 내에서 권리 순서에 따라 배당을 받게 된다. 따라서 최종 1억 5천만 원에 낙찰되면 은행이 먼저 대출금 1억 원에 대한 배당을 받고 '나전세' 씨는 남은 5천만 원 내에서 배당받게 되므로 결국 5천만 원밖에 받을 수 없다.

따라서 세입자로 들어갈 경우 반드시 대출이 없는 곳을 골라야 하고, 대출이 있다면 전세보증금을 지급하는 잔금 날 대출금을 모두 상환하고 근저당권을 말소하는 조건으로 거래해야 한다. 만약 부득이하게 대출금을 모두 상환하지 않은 집에 전세입자로 들어갈 경우에는 전세보증보험제도를 이용하거나 해당 아파트 매매 시세가 대출금+임차보증금 금액보다 월등히 높아 경매로 넘어가더라도 대출금+전세보증금 이상 금액에 낙찰될 수 있어야 한다.

일반 매매를 할 때는 갑구나 을구에 복잡한 다른 권리관계가 얽혀 있다면 굳이 매수하지 않는 것이 좋다. 등기부등본에 특별한 문제가 없다면 거래를 진행해도 무방하다.

경매에 입찰할 경우에는 말소기준 권리 찾는 법과 여러 권리의 효력에 대한 공부를 조금 더 깊이 해야 한다. 부동산을 거래할 때는 큰돈이 오가는 만큼 부동산의 신분증과도 같은 등기부등본을 반드시 직접 확인하자.

전세보증보험과 전세권 설정

✓ **전세보증보험**: 일정 가입조건에 부합하는 전세입자가 서울보증보험(SGI)이나 주택도시보증공사(HUG)의 전세보증보험에 가입하고 보험금을 납부하면 전세 만기시 임차인이 전세보증금을 임대인에게서 받지 못할 경우 이를 보상해주는 제도

✓ **전세권 설정**: 전세입자의 전세권을 등기부등본에 설정하는 것으로 전입신고+확정일자를 하는 것과 보장받는 권리는 유사하나 일정 비용이 발생하고, 전세 만기시 임대인에게서 보증금을 반환받지 못할 경우 '보증금반환청구소송' 등의 절차 없이 직접 경매를 신청할 수 있는 제도

MUST's
왕기초 부동산 용어

기본용어

- **단독주택**: 1건물에 1세대가 거주하는 주택
- **공동주택**: 하나의 건축물 내에서 다수 세대가 각각 독립적인 주거생활을 할 수 있는 주택
- **아파트**: 5층 이상 공동주택
- **다가구주택**: 연면적 660㎡ 이하, 주택으로 사용하는 층이 3층 이하(지하 제외), 19세대 이하 다수 세대가 거주하지만 등기상 1개 건물, 단독 소유주 ⓔ 원룸 건물
- **다세대주택**: 연면적 660㎡ 이하, 주택으로 사용하는 층이 4층 이하인 공동주택, 세대별 개별 소유주 ⓔ 빌라
- **연립주택**: 연면적 660㎡ 초과, 주택으로 사용하는 층이 4층 이하인 공동주택, 세대별 개별 소유주 ⓔ 빌라
- **소유권이전**: 부동산 거래시 잔금을 모두 지급하고 등기상 소유권을 매수자로 이전하는 것
- **연면적**: 각 층의 바닥 면적을 합한 면적 ⓔ 1층 30평, 2층 20평일 경우 연면적은 50평
- **건폐율**: 대지 면적 대비 건축물의 바닥 면적 비율 ⓔ 100평 땅에 바닥 면적 60평 건물을 지을 경우 건폐율은 60%
- **용적률**: 대지 면적 대비 연면적 비율 ⓔ 대지 100평에 연면적 300평일 경우 용적률은 300%
- **건축물대장**: 건축물 내역을 상세히 기록한 서류로 고유번호, 위치, 면적, 용도, 소유자 현황에 관한 사항 등이 나와 있음
- **토지이용계획확인원**: 토지의 용도, 부동산 개발시 규제와 허가 가능한 용도 등이 나와 있음
- **전입신고**: 바뀐 주소를 행정기관에 신고하는 것으로 임차인이 제3자에게 임차권을 주장할 수 있는 대항력이 발생하는 기준 날짜
- **확정일자**: 임대차계약을 체결한 날짜를 확인하기 위해 받는 것으로, 경매로 넘어갈 경우 우선해 배당금을 받을 권리
- **배당**: 경매시 낙찰금액 내에서 권리 순서에 따라 채권 금액을 받는 것

금융 관련 용어

- **LTV**: 주택담보대출비율을 의미. 예를 들어 시가 1억 원 아파트의 LTV가 70%라면 해당 아파트를 담보로 받을 수 있는 대출 한도는 7천만 원
- **DTI**: 총부채상환비율을 의미. 소득 대비 연간 대출 원리금 상환 금액 비율(해당 주택담보대출 연간 원리금 상환액+기타 부채의 연간 이자상환액)/연소득
- **DSR**: 총부채원리금상환비율을 의미. DTI와 달리 모든 대출의 연간 원리금상환액을 기준으로 함
- **원금균등상환**: 총대출 기간으로 원금을 균등하게 나눠 월별 남은 원금에 대한 이자를 지불하는 방식. 이자가 점점 줄어들지만 초기 부담이 큼
- **원리금균등상환**: 융자 기간에 대한 총이자와 원금을 합한 금액을 균등하게 나누어 매월 같은 금액을 상환하는 방식

주택청약에 대해
이것만은 알아두자

새 아파트로 내집을 마련하는 가장 좋은 방법인 주택청약.
1순위부터 특별 공급까지 주택청약의 핵심을 알자.

내집을 마련하는 가장 대표적인 방법이라고 할 수 있는 '주택청약'에 대해 알아보자. 주택청약은 쉽게 말해 건설사에서 신규 분양(공급)하는 아파트를 분양받기 원하는 사람들이 분양 신청(청약 접수)을 하면, 일정한 기준에 따라 당첨자를 선정해 당첨자에게 아파트에 입주할 수 있는 권한인 '분양권'을 부여하는 시스템을 말한다.

청약통장은 새 아파트를 비교적 저렴하게 소유할 수 있는 수단이다. 그러므로 당장 필요하지 않더라도 꼭 만들어놓고 이번 장에서 기본적인 내용을 반드시 숙지하자.

주택청약
1순위 만들기

주택청약을 하려면 일정한 조건이 필요한데 먼저 '청약통장'을 만들어야 한다. 청약통장은 농협, 신한, 우리, 하나, 기업, 국민, 대구, 부산, 경남은행에서 가입이 가능하다. 예전에는 청약예금, 청약부금 등 청약통장 종류가 있었으나 지금은 각 통장들의 기능을 통합한 '주택청약종합저축'이라는 하나의 상품만 가입할 수 있다.

건설사에서 아파트를 분양할 때 '입주자 모집 공고'라는 것을 발표하는데 공고문에는 평형, 세대수, 가격 등 분양하는 아파트에 대한 전반적인 정보가 나와 있다. 그것을 참고해서 청약 접수를 할 의사가 있으면 청약 신청을 하면 되는데, 청약을 접수하는 데도 3가지 경로가 있다. 특별 공급, 1순위, 2순위가 있고 각각 자격 요건이 있다.

먼저 1순위와 2순위 자격 요건에 대해 알아보자. 내가 가지고 있는 청약통장이 1순위가 되려면 먼저 청약통장에 가입한 뒤 일정 기간이 경과해야 한다. 다음 표에서 ①번부터 순서대로 보자. 기본적으로 수도권에 거주하는 사람은 통장 가입 기간이 1년 이상 경과해야 하고, 그밖의 지역에 거주하는 사람은 6개월 이상 경과해야 한다. 최근 정부에서 서울 전체, 경기 일부, 지방 일부 지역을 투기과열지구, 청약과열지역으로 지정해 규제하는데 ②번을 보면 2가지 규제

청약순위	청약통장 (입주자저축)	순위별 조건	
		청약통장 가입기간	납입금
1순위	주택청약 종합저축	• 투기과열지구 및 청약과열지역 : 가입 후 2년이 경과한 분 ② • 위축지역 : 가입 후 1개월이 경과한 분	납입인정금액이 지역별 예치금액 ③ ❷ 이상인 분
	청약예금		

	청약부금
	(85㎡
	이하만
	청약 가능)
		• 투기과열지구 및 청약과열지역 위축지역 외
		– 수도권 지역: 가입 후 1년이 경과한 분 ①
		  (다만, 필요한 경우 시·도지사가 24개월
		  까지 연장)
		– 수도권 외 지역 가입 후 6개월이 경과한 분
		  (다만, 필요한 경우 시·도지사가 12개월
		  까지 연장)
			매월 약정납입일에 납입한 납
			입인정금액이 지역별 예치금
			액 이상인 분
			* 납입금연체 등 발생시 연체
			  를 반영해 순위 발생일이
			  순연됨

2순위 (1순위 제한 자 포함)		1순위에 해당하지 않는 분(청약통장 가입자만 청약가능) ④	

출처: 아파트투유

지역은 무조건 가입 기간이 2년 이상 경과해야 한다. 각 규제지역에 대한 정보는 뒤에 첨부하겠다. ②번에서 '위축지역'은 시장이 다소 침체되어 통장 가입 후 1개월만 경과해도 1순위 자격을 부여하는 지역인데 현재까지 위축지역으로 지정된 곳은 한 곳도 없다.

이렇게 가입기간 조건을 갖추었으면 ③번의 '예치금' 조건을 맞추어야 하는데 쉽게 말해 통장에 들어 있어야 하는 금액이다. 지역별 예치 금액표를 살펴보자.

지역별·면적별로 예치 금액이 다르다. 일반적으로 많이 선호하는 전용면적 85㎡ 이하를 기준으로 서울·부산은 300만 원, 부산을 제외한 광역시들은 250만 원, 그밖의 지역은 200만 원이다.

단위: 만 원

구분	서울/부산	기타 광역시	기타 시/군
85㎡ 이하	300	250	200
102㎡ 이하	600	400	300
135㎡ 이하	1,000	700	400
모든 면적	1,500	1,000	500

　예를 들어 부산의 비규제지역에 청약 접수를 하는 경우 주택청약통장에 가입한 지 6개월이 경과했고 예치금이 300만 원 이상 들어 있으면 전용면적 85m² 이하 아파트에 1순위 자격으로 청약 접수가 가능하다. 그리고 1순위를 부여받기 위한 '통장 가입 기간'과 '예치금'의 기준 날짜는 분양하는 아파트의 '입주자 모집 공고일'을 기준으로 하니 참고하자.

　이 표에서 ④번의 '2순위'를 보면 '청약통장 가입자 중 1순위에 해당하지 않는 사람'이라고 되어 있다. 1순위처럼 기간, 예치금 같은 조건은 없지만 당첨자를 선정할 때 1순위 청약자를 우선해 선정하고 남은 세대가 있는 경우에만 2순위 접수자에게 기회가 부여되므로 1순위에 비해 당첨 확률이 낮다. 특히 요즘 웬만한 인기 지역은 2순위까지 기회조차 가는 경우가 거의 없기 때문에 1순위를 만들어야 한다.

　이렇게 내 통장이 1순위 자격을 갖춘 뒤 마음에 드는 아파트를 발견하고 청약 접수를 한다면 당연히 당첨되는 것이 좋을 것이다. 그렇다면 당첨자는 어떻게 선정하는지 구체적으로 알아보자.

당첨자는 2가지로 나누어 선정하는데 '가점제'와 '추첨제'가 있다. 가점제는 말 그대로 청약통장 접수자 중 가점이 높은 순서대로 당첨자를 선정하는 방식이고, 추첨제는 컴퓨터를 이용해 무작위로 선정하는 방식이다. 아래의 가점제·추첨제 비율 표를 보자.

가점제와 추첨제 비율은 전용면적 85㎡ 이하와 85㎡ 초과로 나뉜다. 청약통장 1순위 자격 요건 중 '기간'에서 규제지역은 '2년'으로 늘어난 것과 같이 정부에서 규제하면서 규제지역별로 가점제와 추첨제 비율도 조정했다.

뒤에서 '가점'의 각 항목을 살펴보면 알겠지만 가점은 '무주택 실수요자'일수록 높은 점수를 받을 수 있게 구성되어 있다. 정부

: 가점제·추첨제 비율 :

주거전용 면적	투기과열지구	청약과열지역	수도권 내 공공주택지구	85㎡ 초과 공공건설임대 주택	그 외 주택
85㎡ 이하	가점제: 100% 추첨제: 0%	가점제: 75% 추첨제: 25%	가점제: 100% 추첨제: 0%	−	가점제: 40%(~0%) (시장 등이 40% 이하로 조정가능) 추첨제: 60~100%
85㎡ 초과	가점제: 50% 추첨제: 50%	가점제: 30% 추첨제: 70%	가점제: 50%(~0%) (시장 등이 50% 이하로 조정가능) 추첨제: 50% (~100%)	가점제: 100% 추첨제: 0%	가점제: 0% 추첨제: 100%

에서 일부 과열 지역에 규제를 가함으로써 투기 수요를 억제하고 실수요자들의 주택 마련을 돕기 위해 추첨제 비율을 낮추고 가점제 비율을 높인 것이다.

일단 규제지역을 제외하고 '그 외 주택'을 보자. '그 외 주택'은 비규제지역을 의미하는데 기본적으로 전용면적 85m² 이하를 기준으로 분양하는 세대수의 40%는 가점제, 나머지 60%는 추첨제로 당첨자를 선정한다. 청약 접수를 할 때 가점제와 추첨제를 따로 나누어 접수하는 것은 아니다. 모든 사람이 청약 접수를 할 때 일정한 기준에 따라 가점을 부여받는데 가점이 높은 순으로 40%를 선정하고 나머지는 추첨제로 선정하는 방식이다. 그렇다면 가점은 어떤 기준으로 부여되는지 가점점수 산정기준표를 보자.

가점은 총 84점 만점으로 무주택 기간, 부양 가족수, 청약통장 가입 기간으로 나누어 점수를 부여한다. 먼저 무주택 기간은 미혼인 자가 만 30세 이상이거나 만 30세 미만이라면 기혼자에 한해 점수를 부여한다. 만 30세 이상인 자가 결혼했다면 둘 중 빠른 날짜부터 기간을 산정한다. 즉 만 30세 미만인 미혼자가 무주택자인 경우는 기본 점수 '2점'만 받을 수 있다. 부양 가족수에 대한 가점은 청약 신청자가 '세대주'인 경우 부여하는데 기본적으로 배우자(분리세대 포함)는 부양가족에 포함된다.

부양가족이 직계존속(부모, 조부모)인 경우 주민등록등본상 3년 이상 함께 등재되어 있어야 하고, 직계비속(자녀)인 경우는 기간

: 가점점수 산정기준표 :

가점항목	가점	가점구분	점수	가점구분	점수
무주택 기간	32	1년 미만(무주택지에 한함)	2	8년 이상~9년 미만	18
		1년 이상~2년 미만	4	9년 이상~10년 미만	20
		2년 이상~3년 미만	6	10년 이상~11년 미만	22
		3년 이상~4년 미만	8	11년 이상~12년 미만	24
		4년 이상~5년 미만	10	12년 이상~13년 미만	26
		5년 이상~6년 미만	12	13년 이상~14년 미만	28
		6년 이상~7년 미만	14	14년 이상~15년 미만	30
		7년 이상~8년 미만	16	15년 이상	32
부양 가족수	35	0명(가입자 본인)	5	4명	25
		1명	10	5명	30
		2명	15	6명 이상	35
		3명	20	–	–
입주자 저축 가입기간	17	6월 미만	1	8년 이상~9년 미만	10
		6월 이상~1년 미만	2	9년 이상~10년 미만	11
		1년 이상~2년 미만	3	10년 이상~11년 미만	12
		2년 이상~3년 미만	4	11년 이상~12년 미만	13
		3년 이상~4년 미만	5	12년 이상~13년 미만	14
		4년 이상~5년 미만	6	13년 이상~14년 미만	15
		5년 이상~6년 미만	7	14년 이상~15년 미만	16
		6년 이상~7년 미만	8	15년 이상	17
		7년 이상~8년 미만	9	–	–

상관없이 부양 가족수에 포함되나 자녀가 30세 이상인 경우 1년 이상 등본상에 함께 등재되어 있어야 한다. 입주자 저축 가입기간은 주택청약통장에 가입한 기간을 말한다. 이렇게 3가지 항목의 점수를 합하면 자신의 가점이 된다.

비규제지역	규제지역(투기과열, 청약과열)
• 가입기간 수도권 1년, 비수도권 6개월 경과 • 지역별 예치금	• 가입기간 2년 경과 • 지역별 예치금 • 무주택 또는 1주택자 • 세대주 • 최근 5년 내에 당첨 이력 없는 세대
가점제, 추첨제	

　　인기 지역에 가점제로 당첨되려면 적게는 40~50점대부터 경쟁이 치열한 곳은 70점대까지 되어야 한다. 인기 지역에서 부양가족이 없는 젊은 사람들이 가점제로 당첨되는 것은 사실상 불가능하기 때문에 추첨제나 뒤에서 알아볼 '특별 공급'을 노려야 한다.

　　투기과열지구, 청약과열지역 같은 규제지역에 청약 접수를 할 때는 3가지 제한 사항이 더 있다. '무주택 또는 1주택'인 세대여야 하고, 그 세대의 '세대주'여야 하며, '최근 5년 내에 당첨된 이력이 없는 세대'여야 한다. 이를 다시 정리해보자.

특별 공급 자격 요건이 되면
신중하게 사용하자

지금까지 1순위 청약에 대해 알아보았다. 이제 '특별 공급'에 대해 알아보자. 특별 공급이란 사회적으로 배려가 필요한 계층이 우선

분양받을 수 있도록 공급하는 아파트를 말하는데, 건설사에서 분양할 때 일반 분양 세대수에서 일정 비율만큼 특별 공급으로 분양하도록 규정되어 있다. 특별 공급은 자격 요건을 갖춘 사람이 소수이므로 자격 요건만 된다면 일반 공급보다 당첨될 확률이 훨씬 높다. 다만 특별 공급은 종류를 불문하고 평생 단 한 번 당첨 기회가 부여되니 신중하게 사용하는 것이 좋다.

특별 공급의 종류 7가지

- 기관추천: 국가유공자 등 일정 요건을 갖춘 자로 관련 기관의 추천을 받은 자
- 신혼부부: 혼인한 지 7년 이내의 자
- 다자녀 가구: 미성년인 자녀 3명 이상을 둔 자
- 노부모 부양: 65세 이상 직계존속을 3년 이상 계속 부양한 자
- 생애 최초 주택 구입: 생애 최초로 주택을 구입하는 자
- 이전기관 종사자 등: 비수도권으로 이전하는 공공기관, 학교, 산업단지 등 종사자
- 외국인: 시도지사가 정한 외국인 중 무주택자

특별 공급의 종류에는 이렇게 7가지가 있는데 이외에 주택 소유 여부, 소득 등 종류별로 조금씩 다른 세부 요건이 더 있으니 자신이 해당하는 분야가 있다면 꼼꼼하게 확인해야 한다.

주택청약 접수는
어디서 어떻게 하나?

그렇다면 주택청약 접수는 어떻게 하는지 궁금할 수 있다. 주택청약은 은행을 방문해 할 수 있으나 요즘은 대부분 인터넷 사이트를 이용해 집에서 편하게 접수한다. '국민은행' 사이트와 '아파트투유'라는 사이트에서 할 수 있는데 '아파트투유' 사이트를 많이 이용한다. 최근에는 아파트투유 애플리케이션이 출시되어 모바일로도 청약 신청이 가능하므로 공인인증서만 있으면 피시든 모바일이든 편하게 청약 접수를 할 수 있다.

청약 접수를 하기 전에 입주자 모집 공고문과 앞에서 함께 알아

: 청약 관련 규제 지역(2018년 11월 기준) :

청약과열 지역	• 서울시 전 지역 • 경기도 과천시, 성남시, 광명시, 구리시, 안양시 동안구 전 지역 • 경기도 하남시, 고양시, 화성시, 남양주시, 광교택지개발지구 내 공공택지 　(화성시 : 반송동, 석우동, 동탄면 금곡리, 목리, 방교리, 산척리, 송리, 신리, 영천리, 　오산리, 장지리, 중리, 청계리 일원에 지정된 택지개발지구) 　(광교택지개발지구 : 수원시 영통구 이의동, 원천동, 하동, 매탄동, 팔달구 우만동, 장 　안구 연무동, 용인시 수지구 상현동, 기흥구 영덕동 일원) • 부산시 해운대구, 연제구, 동래구, 남구, 수영구, 부산진구 전역, 　기장군 일광면 내 공공택지 • 세종시(행정 도시 예정지역)
투기과열 지구	• 서울시 전역 • 경기도 과천시, 광명시, 하남시, 성남시 분당구, • 대구시 수성구 • 세종시 행정중심 복합도시 건설 예정지역

출처: 아파트투유

보았던 전용면적, 공급면적을 꼼꼼히 살펴보고 단지 규모, 타입별 평면도, 각 타입의 배치 위치, 또한 가장 중요한 가격까지 꼼꼼히 살펴보자.

'주택청약'에서 기본적인 내용을 알아보았다. 각자 본인의 청약 자격 요건을 잘 파악해야 하며, 본인이 거주하는 지역의 부동산 경기가 나쁘지 않고 신규 분양하는 아파트 분양 가격이 주변 아파트에 비해 싼 편이라면 청약을 노려보는 것도 좋다. 앞서 다룬 '아파트투자의 종류'에서 '분양권' 부분을 다시 한 번 읽어보면 조금 더 도움이 될 것이다. 꼭 청약 접수를 하지 않더라도 신규 분양하는 아파트들에 관심을 가지고 현재 트렌드, 가격에 대해 공부하다 보면 부동산시장을 이해하는 데 상당히 도움이 되니 신규 아파트에 반드시 관심을 가지자.

청약통장은 새 아파트를 비교적 저렴하게 소유할 수 있는 수단이다.

당장 필요하지 않더라도 꼭 만들어놓고

청약 자격, 조건 등 기본적인 내용을 반드시 숙지하자.

부동산에 투자하기에 앞서 자신의 상황에 따라 전략이 필요하다. 이에 소액으로 분산해 아파트에 투자하는 갭투자 방법에 대해서 공부해야 한다. 또한 수익형 부동산과 시세차익형 부동산에 대한 지식도 필수다. 많은 전문가가 투자 1순위로 꼽는 역세권 소형 아파트가 과연 그 명성대로 1순위 투자처인지 실상을 알아야 한다. 또한 단순히 좋은 아파트가 아닌 투자자의 눈으로 바라볼 때 어떤 아파트가 좋은 아파트인지, 그리고 장기적으로 투자 자산을 확대하기 위해 '아파트'라는 자신만의 파이프라인을 체계적으로 시스템화해서 관리하는 방법에 대해서도 알아보자.

3장

나는 아파트에
이렇게 투자했다

수익형 부동산 vs. 시세차익형 부동산

투자 목적이 자산 증식이냐, 안정적인 생활이냐에 따라
부동산투자 전략을 달리해야 한다.

　　　　　　　　부동산투자를 하기로 마음먹었다면 부
동산투자로 얻고 싶은 것이 무엇인지 다시 한 번 생각해볼 필요가
있다. 목돈을 마련하기보다는 매달 안정적으로 월세를 받는 투자
를 할지, 아니면 당장 수익이 나오지 않고 짧게는 몇 개월에서 길
게는 몇 년이 걸리더라도 한번에 목돈을 마련할 수 있는 투자를
할지 선택해야 한다.

　투자하기 전에 투자 목적과 방향을 정해놓지 않으면 투자하면
서도 흔들리기 쉽다. 자신이 부동산에 투자하는 궁극적 목적과 그
목적을 이루기 위한 방향을 정하지 않은 채 무작정 돈만 좇는 투

자는 수익이 어느 정도 발생하더라도 만족하기보다 끝없는 욕심을 낳게 된다. 자신이 추구하는 행복을 이루기 위해 돈을 버는 것이 아니라 돈 자체가 목적이 되어 돈을 쫓아가는 안타까운 삶이 될 수 있다는 것이다.

이번에는 수익형 부동산과 시세차익형 부동산에 대해 알아보고, 부동산투자에서 얻고자 하는 목표와 그 목표를 이루기 위한 투자 방향을 다시 한 번 고민해보기 바란다.

수익형 부동산과 시세차익형 부동산의 수익률 비교

부동산투자 형태를 크게 2가지로 나누면 수익형 부동산과 시세차익형 부동산이 있다. 수익형 부동산은 쉽게 말하면 오피스텔, 다가구주택, 상가 같이 매달 안정적으로 월세를 받을 수 있는 부동산을 말한다. 따라서 몇 년 뒤 팔아서 수익을 남기는 것이 목표가 아니라 장기간 보유하면서 매달 일정한 월세 수익을 목표로 하며, 이러한 물건들은 보통 나중에 팔더라도 시세차익이 거의 없거나 크지 않다.

반면 시세차익형 부동산은 아파트, 재개발, 재건축, 토지 같이 당장 수익이 발생하지는 않지만 몇 년 뒤 산 가격보다 비싸게 팔아 시세차익을 남겨 한번에 목돈을 마련하는 부동산투자를 말한다. 물론 아파트 같은 시세차익형 부동산을 월세로 세팅할 수도 있지만 그럴 경우 보통 투자금이 더 많이 들어가게 되어 대개 최종 수익률이 상대적으로 낮아진다.

수익형 부동산에 투자해 매달 월세를 안정적으로 받는 것은 아주 매력적인 일이다. 아마도 모든 부동산투자자의 최종 목표일 것이다. 목표했던 금액만큼 매달 월세를 받으며 시간적·경제적 자유를 누리는 것 말이다. 그렇다면 직장인이 월급을 쪼개서 힘들게 모은 목돈으로 수익형 부동산에 투자하면 월세를 얼마 정도 받을 수 있을까? 수익형 부동산의 수익률은 연 5~6%, 조금 많으면 7~8% 정도가 일반적이다.

> ⑩ 3천만 원을 모은 A씨가 좋은 투자 물건을 찾아서 연수익률 10%의 수익형 부동산에 투자한다고 가정했을 때 수익구조는 어떻게 될까?
>
> ▶ 3천만 원×10%=300만 원, 300만 원/12개월=25만 원

매달 월세로 25만 원, 1년에 300만 원 수익을 얻게 된다. 10년을 보유한다면 월세로 수익이 3천만 원 발생하는 셈이다.

앞서 '왜 아파트인가? 이유나 알고 하자'에서 시세차익형 아파트에 투자하는 내 목표 수익률은 2년에 100%라고 했다. A씨가 수

익형 부동산에 투자하면 월세 수익금으로 10년 만에 3천만 원을 벌어 총 6천만 원을 모으는 반면, 시세차익형 아파트에 투자했을 경우 2년 뒤 3천만 원을 6천만 원으로 불릴 수 있다는 것이다.

물론 매달 받는 월세와 월급을 모아 계속 수익형 부동산의 규모를 늘리면 매달 받는 월세도 늘어나니 이를 반복하는 것도 좋은 전략이다. 수익형 부동산 1채면 200만 원이던 월급이 225만 원이 되고, 2채가 되면 250만 원이 된다.

200만 원으로 생활하는 것과 250만 원으로 생활하는 것은 차이가 크고, 이렇게 받는 월세가 많아질수록 생활은 여유가 생기고 훨씬 윤택해질 수 있다. 이처럼 매달 월급 이외에 월세를 받는다는 것은 아주 매력적인 일이다.

하지만 부동산투자의 꽃은 '시세차익형' 투자다. 앞에서 든 예시처럼 연수익률 10%의 수익형 부동산에 '10억 원'을 투자한다고 가정해보자. 월세로 받는 연수익금이 1억 원(규모가 커질수록 연 10%는 아주 힘든 수익률이긴 하다)이고, 월세로 매달 800만 원 정도 받을 수 있다. 자기 목표가 매달 월세로 800만 원을 받으며 자유롭게 생활하는 것이라면 10억 원을 최대한 빨리 모아야 한다. 그러기 위해서는 처음부터 3천만 원을 투자해 1년에 월세 수익금을 300만 원 받을 수 있는 수익형 부동산보다는 2년 뒤에 3천만 원이 6천만 원이 될 수 있는 시세차익형 부동산에 투자하는 것이 훨씬 더 빠른 길이다.

시세차익형 부동산투자가 선행되어야 한다

정리하면 이렇다. 매달 힘들게 일해서 받는 월급 이외에 달콤한 월세 수익이 발생한다는 것은 아주 구미가 당기는 일이지만 우리 꿈인 부동산으로 월세를 받으며 시간적·경제적으로 자유를 누리기에는 우리가 지금까지 모은 돈이 턱없이 부족하기 때문에 어느 정도 자산을 형성하기까지는 시세차익형 부동산에 투자해서 전체 자산 규모를 키우는 것이 선행되어야 한다는 것이다.

수익형 부동산에 대해 한 가지 더 유의할 점이 있다. 뒤에서 '레버리지'에 대해 조금 더 자세히 얘기하겠지만, 수익형 부동산에 투자할 때 레버리지의 일종인 '대출'을 활용해야 수익률이 더욱 높아진다. 모든 수익형 부동산은 월세 수익이 은행 예금 이자보다 높기 때문에 돈을 은행에 맡기지 않고 투자하는 것이다. 또 대출 이자보다도 수익률이 높기 때문에 대출을 활용하면 수익률이 더욱 높아지게 된다. 예를 들어보자.

> 예 매매 가격 9천만 원 오피스텔, 대출이자 4%, 임대(보증금 1천만 원/월세 40만 원)

: 대출을 활용하지 않은 경우 :

▶ 매매대금: 9천만 원 ▶ 보증금: 1천만 원 ─────────── ▶ 투자금: 8천만 원	▶ 월세: 40만 원 (연간 480만 원)

※ 수익률 6%(480만 원/8천만 원)

: 대출을 활용한 경우(매매대금의 60%) :

▶ 매매대금: 9천만 원 ▶ 대출금액: 5,400만 원 ▶ 보증금: 1천만 원 ─────────── ▶ 투자금: 2,600만 원	▶ 월세: 40만 원 ▶ 이자: 18만 원 ─────────── ▶ 월 순수익: 22만 원 (연간 264만 원)

※ 수익률 10%(264만 원/2,600만 원)

　이렇게 수익형 부동산은 대출을 활용해야 수익률이 극대화되기 때문에 대부분의 수익형 부동산투자자들은 대출을 활용한다. 여기서 유의할 점이 있다. 우리나라는 2012년 5월 이후 한국은행 기준금리가 지속적으로 내렸고, 지금도 낮은 편에 속한다. 하지만 최근 미국발 금리 인상이 계속되면서 우리나라도 2017년 10월 한차례 금리를 올렸고, 이후 2018년 11월 30일 다시 한 번 기준금리를 올렸다. 많은 경제 전문가의 말에 따르면 앞으로 계속해서 금리를 올리기는 쉽지 않다고 한다. 하지만 과거보다 금리가 오른 것 자체가 수익형 부동산의 매력이 줄어들었다는 것을 의미하고, 대출 규제가 어느 때보다도 심한 때에 대출을 활용하는 수익형 부동산은 투자하기가 부담스러울 수밖에 없다.

자산을 키워야 하는 20~30대 사회 초년생들의 미래를 위해서도, 현재 우리나라 경제 여건을 보았을 때도 시세차익형 부동산투자가 선행되어야 한다. 나도 공부를 막 시작할 때 수익형 부동산에 대한 책을 읽고 투자를 고민한 적이 있다. 하지만 지금 생각해보면 투자하지 않기를 정말 잘했다는 생각이 든다.

지금 나는 최종 목표 자산이 있고, 자산이 일정 금액이 되었을 때 자산 일부를 수익형 부동산으로 전환할 계획이다. 그 전환점에 도달할 때까지는 시세차익형 부동산이 절대적으로 필요하다.

수익형 부동산 vs. 시세차익형 부동산

✓ 부동산투자에도 순서와 전략이 필요하다.
✓ 시세차익으로 자산을 먼저 불려야 한다.
✓ 어느 정도 자산을 형성한 뒤 수익형 부동산을 병행한다.
✓ 금리가 인상되면 수익형 부동산의 가치는 떨어진다.

갭투자로
레버리지를 활용하자

대부분의 부동산투자가 레버리지를 이용한다.
갭투자 또한 레버리지를 활용한 투자다.

내가 투자한 투자금 대비 최종 수익률
을 높이는 것이 투자의 목적이다. 대부분 투자는 수익률을 극대화
하려고 '레버리지'라는 것을 이용한다. 레버리지는 지렛대 원리를
의미하는데, 투자할 때 다른 사람 돈을 이용함으로써 투자 자산에
대비해 자기 돈을 적게 들여 수익을 극대화하는 것이다.

레버리지는 경제에 없어서는 안 되고, 없을 수도 없는 존재다. 대
부분 기업들이 부채(빚)가 있는 까닭이다. 기업들은 투자를 받거나
어느 정도 대출을 받아 사업을 영위한다. 부동산에서도 마찬가지다.
부동산투자에서 레버리지는 대출, 임대보증금, 타인의 투자금 등을

말한다. 대부분 부동산투자가 레버리지를 이용하며 갭투자 또한 레버리지를 활용한 투자다. '갭투자' 방식에 대해 자세히 알아보자.

갭투자 기본 공식을 제대로 이해하자

갭투자는 다른 말로 '전세 레버리지 투자'라고도 한다. 임차인의 전세 보증금을 레버리지로 활용해 소액의 투자금으로 아파트를 매입할 수 있기 때문이다. 다시 말해 매매 가격과 전세 가격 차액만으로 아파트를 매입할 수 있다는 뜻이다. 따라서 매매 가격과 전세 가격의 차이가 적을수록 투자금이 적게 들어가고, 가격이 조금만 상승해도 수익률이 높아질 수 있다.

매매금액 대비 전세금액의 비율을 '전세가율'이라고 하는데, 갭투자의 중요한 조건 중 하나가 '전세가율이 높은 아파트'다. 전세가율이 높다고 무조건 투자 대상이 되는 것은 아니지만 일단 전세가율이 높은 아파트는 투자 대상으로 검토해볼 필요가 있다.

전세 보증금을 레버리지로 활용하면, 은행 대출과 달리 이자가 없어 무이자로 돈을 융통하는 효과를 얻을 수 있다. 그렇다고 전세입자가 손해를 보는 것은 아니다. 매매 가격과 전세 가격 차이가 크지 않음에도 전세로 들어가는 것은 개인의 선택일 뿐이다.

매매 가격이나 전세 가격은 개인이 임의로 결정할 수 있는 금액이 아니다. 즉 수요와 공급에 따라 시장에서 형성되는 시장 가격이다. 따라서 투자자로서는 무이자로 전세입자의 보증금을 레버리지로 이용할 수 있어 좋고, 전세입자는 원하는 집에 원하는 가격으로 일정 기간 거주를 보장받을 수 있으니 좋다.

최근 정부에서 집값을 올리는 원인으로 다주택자들을 몰아세우며 투기꾼이라고 각종 규제를 하고 있다. 반면 전세입자들이 이용하는 전세자금 대출은 보증금의 80%까지 넉넉하게, 타 대출에 비해 저렴한 금리로 지원을 많이 해주는 상황이다. 하지만 정부에서 하는 공공임대를 제외한 민간임대는 대부분 기업과 다주택자들이 있기 때문에 가능하다.

전세제도는 우리나라에만 있다고 한다. 정부에서 전세제도를 폐지하지 않는 이상 다주택자들을 규제하더라도 전세를 낀 갭투자는 지속될 것이라고 생각한다.

통상 아파트 거래를 할 때 최초 계약시 계약금 10%를 내고 이사 날짜를 확보하기 위해 잔금 날짜까지 2~3개월 시간을 둔다. 갭투자의 가장 이상적인 세팅은, 계약 후 잔금 날짜가 되기 전에 원하는 금액에 전세입자를 구하고 매매와 전세 잔금 날짜를 맞춰 전세입자 돈으로 매매 잔금을 치르는 것이다. 이렇게 되면 최초 계약시 계약금 10%를 투입하고, 최종 잔금 날이 되면 매매와 전세의 갭 차이만큼만 자금이 필요하게 된다(중개 수수료와 취득세는 별도).

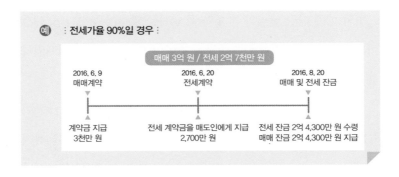

예 : 전세가율 90%일 경우 :

매매 3억 원 / 전세 2억 7천만 원

2016. 6. 9
매매계약

계약금 지급
3천만 원

2016. 6. 20
전세계약

전세 계약금을 매도인에게 지급
2,700만 원

2016. 8. 20
매매 및 전세 잔금

전세 잔금 2억 4,300만 원 수령
매매 잔금 2억 4,300만 원 지급

위 그림을 보면 전세 계약시 아직 소유권은 매도인에게 있으므로 전세 계약금 2,700만 원은 매도인에게 지급한다. 그러면 매매 계약금 3천만 원, 전세 계약금 2,700만 원이 매도인에게 입금되었으므로 매매 잔금과 전세 잔금이 같게 된다. 따라서 매매 잔금과 전세 잔금 날짜만 맞추면 내 돈이 아닌 전세입자 전세 잔금으로 매매 잔금을 지급할 수 있다. 위 사례는 전세가율이 90%일 경우인데, 아래와 같이 전세가율이 90%가 넘게 되면 매매 잔금 날에 오히려 지급했던 계약금 10% 중 일부를 회수하기도 한다.

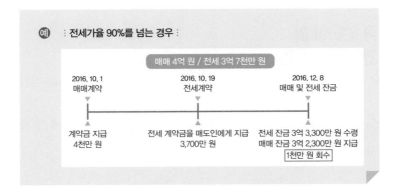

예 : 전세가율 90%를 넘는 경우 :

매매 4억 원 / 전세 3억 7천만 원

2016. 10. 1
매매계약

계약금 지급
4천만 원

2016. 10. 19
전세계약

전세 계약금을 매도인에게 지급
3,700만 원

2016. 12. 8
매매 및 전세 잔금

전세 잔금 3억 3,300만 원 수령
매매 잔금 3억 2,300만 원 지급
1천만 원 회수

만약 매매 잔금 날짜와 전세 잔금 날짜를 맞추지 못한다면, 해당 아파트를 담보로 주택 담보대출을 받아야 한다. 이 경우 전세입자를 구할 때까지만 일시적으로 대출을 이용하면 된다.

대출에 대해 잠깐 얘기하면, 가끔 대출을 내면 큰일 나는 줄 아는 사람들이 있다. 하지만 이는 자본주의 사회를 전혀 이해하지 못하는 것이다. 앞서 말했듯이 대출은 레버리지의 일종이고, 레버리지는 경제에 필수적인 요소다. 모든 기업이 레버리지를 이용하고 모든 자산가가 레버리지를 이용해 자산을 구축했다.

하지만 그렇다고 대출을 절대로 무분별하게 이용하라는 말은 아니다. 대출을 받으면 이자를 내야 한다. 이자를 충분히 감당할 능력이 되고, 이자를 내는 대가로 빌린 대출금을 이용해 이자 이상 수익을 낼 수 있으면 활용할 가치가 충분하다는 것이다. 적절한 대출 활용은 자산 증식에 속도를 더해준다.

꼭 알아야 할
갭투자 필수 팁

갭투자에서는 전세를 맞추는 것이 관건이다. 그렇기 때문에 투자하기 전에 전세에 대한 조사가 필수적이다. 투자하고자 하는 아파트와 그 주변 아파트에 전세 수요가 충분한지, 현재 나와 있는 전세 물건이 많아 전세를 맞추기가 어렵지는 않은지를 조사해 전세를 원하는 가격에 빨리 맞출 수 있는 지역에 투자하는 것이 좋다.

그렇게 전세 세팅까지 완료되면 임대차 기간이 끝날 때까지 가격이 오르기를 기다리면 된다. 만기 시점이 되면 매도를 해서 다른 투자처를 찾아도 되고, 매매 가격이 계속 오를 가능성이 높다고 판단되거나 2년 전에 비해 전세 시세가 오른 경우 전세금을 올려받음으로써 투자금을 회수하면서 전세 재계약을 해도 된다. 전세 재계약시 투자금을 전부 또는 일부 회수할 경우 투입된 투자금 자체가 줄어들어 수익률은 더욱 극대화된다.

아파트를 매수할 때 가능하면 매도 시점을 어느 정도 정해놓는 것이 좋다. 이 부분은 아파트 가격 흐름에 대해 공부가 필요한데 투자 시기, 흐름에 대한 것은 4장에서 자세히 살펴본다. 그렇게 정한 예상 매도 시점에 전세 만기 날짜를 맞추면 가장 좋겠지만, 그렇지 못할 경우 또는 예상 매도 시점으로 세팅했는데 그 시점에 생각보다 시장 분위기가 좋지 않을 것 같은 경우에는 전세 기간이 남은 상태로 매도할 수 있다. 다만 전세 만기가 남은 상태에서는 매수자가 당장 입주할 수 없기 때문에 실수요자보다는 투자자가 매수해야 하므로 그렇지 않은 경우보다 매도하기가 쉽지 않고, 가격도 약간 싸게 내놓아야 팔릴 확률이 높다.

시장을 모두 예측할 수 없고 다양한 변수가 발생하지만 꾸준히 관찰함으로써 최대한 내 계획과 실제 시장에서 발생하는 현상의 격차를 조금씩 줄여나가야 한다. 그러면서 한 걸음씩 전문가에 가까워져야 한다.

갭투자는 신축아파트든 구축아파트든 모두 가능하지만 신축은 상대적으로 투자금이 많이 들어가므로 2천만~3천만 원의 소액 갭투자는 1990년대~2000년대 초반에 지어진 아파트가 투자하기에 가장 좋다. 따라서 지역별로 해당 연식 아파트 중 입지가 괜찮은 곳에 위치한 아파트에 대해 미리 공부해놓는 것도 좋은 방법이다.

롭 무어는 『레버리지』라는 자신의 책에서 레버리지에 대해 "최소한의 노력과 시간으로 자본을 증식하는 새로운 부의 공식이다"라고 말했다. 무이자 전세보증금을 레버리지로 이용해 갭투자를 함으로써 반드시 이루어질 우리의 '시간적·경제적 자유'라는 꿈에 가속도를 내보자.

소액 갭투자 커리큘럼

✓ 전세 보증금을 레버리지로 이용하자.
✓ 감당할 수 있는 선에서 대출을 일시적으로 활용하자.
✓ 전세 수요를 충분히 조사하자.
✓ 예상 매도 시점을 미리 생각하자.
✓ 1990년대~2000대 초반의 아파트가 좋다.

소액 분산투자의
중요성을 깨닫자

수익률 극대화, 안정성, 환금성, 경험까지
4마리 토끼를 잡을 수 있는 '소액 분산투자'의 중요성을 깨닫자.

　　　　　　　　재테크 얘기를 할 때 "소액부터 투자하
라, 분산투자하라"는 말을 한 번쯤 들어보았을 것이다. 이는 아파
트투자를 할 때도 마찬가지다. 실제로 아파트투자에서 소액 분산
투자가 왜 중요하고 필요한지 소액 분산투자의 장점을 4가지로
정리해보았다.

　현재 사용할 수 있는 투자금이 1억 원으로 한정되어 있다고 가
정하고, 'A'와 'B'로 사례를 나누어 1억 원을 한번에 투자하는 것
과 소액으로 분산투자하는 경우를 비교해보자.

소액 분산투자의 장점 1:
수익률 극대화

소액으로 분산해 투자하면 수익률을 극대화할 수 있다. 보통 금액대가 비싼 아파트를 살 때 투자금이 상대적으로 싼 아파트보다 조금 더 많이 들어가는 것이 사실이다.

> A: 매매 6억 원/전세 5억 원=1채
>
> B: 매매 3억 원/전세 2억 7천만 원=3채

위의 예를 참고해서 살펴보자. 6억 원짜리 아파트에 투자하는데 각 1채에 1억 원이 들어 유용 가능한 투자금을 모두 써버렸고, 3억 원짜리 아파트에 투자하는 데는 3천만 원이 들어 3채를 사게되었다고 가정하자. A와 B 중 누가 더 좋은 수익률을 남길 확률이 높을까?

수익률 100%를 목표로 해보자. 3억 원짜리 아파트는 1채당 3천만 원이 들어갔으므로 매매 가격이 3억 3천만 원만 되면 100%를 달성한다. 하지만 6억 원짜리 아파트는 1억 원이 올라 매매 가격이 7억 원이 되어야 100%를 달성한다.

주택 가격 상승률이 동일하게 10%라고 가정해보자. 3억 원짜리 아파트는 3억 3천만 원이 되고, 6억 원짜리는 6억 6천만 원 정도가 된다. 물론 6억 원짜리가 7억 원이 될 수도 있다. 하지만 투자는 항상 확률 싸움이다. 3억 원짜리가 3억 3천만 원이 될 확률이 6억 원짜리가 7억 원이 될 확률보다는 높을 것이다.

투자에서는 세금을 생각하지 않을 수 없는데, 양도차액(이득 금액)이 클수록 세율 구간이 높아져 세금을 많이 내게 된다. A, B 모두 목표 수익률을 100% 달성했다고 가정했을 때, A의 아파트를 매도해 양도차액 1억 원에 대한 세금을 한번에 내는 것보다 B의 아파트 3채를 나눠 매도해 양도차액 3천만 원에 대한 세금을 3차례에 걸쳐 내는 것이 세율 구간이 낮아 세금을 아낄 수 있기 때문에 더욱더 수익률을 극대화할 수 있다.

따라서 소액 분산투자를 함으로써 개인이 감당할 수 있는 규모 내에서 아파트 수를 늘려 전체 자산 크기를 늘려야 한다. 그것이 더욱 수익률을 극대화할 수 있는 방법이다.

주택가격 상승률 10%

✓ A의 아파트 매매 6억 원/전세 5억 원(투자금 1억 원)
  • 6억 원×주택가격 상승률 110%=6억 6천만 원
  • 상승분 6천만 원/투자금 1억 원=수익률 60%
✓ B의 아파트 매매 3억 원/전세 2억 7천만 원(투자금 3천만 원)
  • 3억 원×주택가격 상승률 110%=3억 3천만 원
  • 상승분 3천만 원/투자금 3천만 원=수익률 100%

소액 분산투자의 장점 2:
안정성

투자 세계에서 가장 성공하는 것은 돈을 많이 버는 것도 중요하지만 그것보다 끝까지 살아남아 지속적으로 수익을 내는 사람이 되는 것이다. 부동산시장이 호황일 때는 투자하는 사람들이 대부분 돈을 벌 확률이 높지만 시장이 좋지 않을 때는 잘못된 투자로 투자 세계를 떠나는 사람들이 많이 생긴다고 한다. 따라서 투자 세계에서 오래 살아남고 꾸준히 수익을 남기려면 과도한 욕심을 버리고 안정적인 수익을 추구해야 한다.

'High risk&High return'이라는 말을 들어보았을 것이다. 돌아오는 수익이 크려면 그만큼 높은 위험성을 감당해야 한다는 뜻이다. 하지만 아파트에 투자할 때는 그럴 필요가 없다. 꾸준히 안정적으로 수익을 내는 것이 가장 중요하다. 앞서 말했듯이 투자는 확률 싸움이다. 리스크를 완전히 제거함으로써 확신을 가지고 투자하는 것이 가장 좋지만 투자에서 100% 확신은 있기 힘들다. 따라서 최대한 리스크를 제거하고 수익이 생길 확률이 높은 지역에 분산해서 투자해야 한다.

앞의 사례에서 A, B 중 누구처럼 투자하는 것이 리스크가 더 작고 안정적인 수익을 올릴 확률이 높을까? A는 아파트 1채에 투자했으므로 수익을 내려면 6억 원짜리 아파트의 가격이 무조건 올라야 한다. 하지만 B는 3억 원짜리 아파트 3채 중 1채나 2채만 가격이 올라도 수익이 발생한다. 분산투자를 함으로써 수익을 만들 수 있는 확률이 높아져 훨씬 안정적인 투자가 가능한 것이다.

분산투자는 투자 금액에만 해당하는 것이 아니다. 지역도 분산해서 투자하는 것이 좋다. 아파트 가격은 지역에 따라 흐름을 달리하고, 어느 지역이 언제 오를지 정확하게 판단할 수 없다. 따라서 한 지역에 3채를 사는 것보다 세 지역으로 분산해서 투자하는 것이 좋고, 투자 물건별로 전세 만기 시점도 분산하는 것이 좋다.

예를 들어 3채에 투자했을 경우 각 아파트의 전세 만기 시점을 최소 몇 개월 이상 차이 날 수 있게 하는 것이 좋다는 뜻인데, 이는 여러 채가 한꺼번에 만기 날짜가 겹칠 경우 일부가 전세 재계약이나 매도가 원활하지 않으면 힘든 상황이 발생할 수 있기 때문이다. 따라서 투자 금액, 지역, 만기 시점 모두 분산하는 것이 투자의 안정성을 높일 수 있는 방법이다.

소액 분산투자의 장점 3:
환금성

'환금성'은 재화를 돈으로 바꿀 수 있는 성질이라는 뜻이다. 투자에서 현금흐름은 아주 중요한 부분인데 현금흐름을 위해서는 무엇보다도 환금성이 좋아야 한다. 다시 말하면 소유하고 있는 부동산을 돈이 필요할 때 쉽게 돈으로 바꿔 사용할 수 있어야 한다는 뜻이다.

환금성 이야기에 앞서 '수익률 극대화' 부분에서 언급했던 세금 얘기를 잠깐 해보자. 양도소득세는 한 해에 매도한 물건을 모두 합산해 과세한다. 즉 한 해에 2채를 팔 경우 2채의 양도차액(이득 금액)을 합산해서 세금을 부과하기 때문에 1년에 1채씩 따로 파는 경우보다 세율 구간이 높아져 세금을 더 많이 내야 한다. 이것을 참고하고 아래 글을 읽어보자.

예를 들어 A, B가 각각 목표 수익률 100%를 달성해 A는 1억 원이 올라 7억 원이 되었고, B는 3천만 원씩 올라 1채당 3억 3천만원이 된 상태다. 철저하게 분석해서 투자했던 A, B의 아파트는 모두 입지도 좋고 추가 가격 상승 여력도 있어 지속적으로 보유해도 괜찮은 물건이라고 하자. 그리고 A, B는 같은 해에 5천만 원의 차액을 남긴 ㉠아파트 1채를 이미 매도했다고 가정해보자. 이때 수익률이 상당히 좋아 보이는 투자 물건을 발견해서 투자하려는데 투자금 3천만 원이 모자란다. 이러한 상황을 효율적으로 해결하기에 A, B 중 어느 쪽이 더 유리할까?

A의 경우 6억 원짜리 아파트에서 예상되는 추가 상승분은 전부 포기하고 무조건 6억 원짜리 아파트를 매도해야 투자금 3천만 원을 마련할 수 있다. 하지만 B는 3채 중 1채만 매도해도 3천만 원

과세표준금액	세율	누진공제액
1,200만 원 이하	6%	–
1,200만 원 초과~4,600만 원 이하	15%	108만 원
4,600만 원 초과~8,800만 원 이하	24%	522만 원
8,800만 원 초과~1억 5천만 원 이하	35%	1,490만 원
1억 5천만 원 초과~3억 원 이하	38%	1,940만 원
3억 원 초과~5억 원 이하	40%	2,540만 원
5억 원 초과	42%	3,540만 원

이상 확보할 수 있기 때문에 나머지 2채는 계속 보유함으로써 추가 상승분까지 확보할 수 있다.

이뿐만 아니라 세금도 문제다. 그 이유는 앞서 매도했던 ㉠아파트의 양도차액과 합산해 과세되기 때문이다. 한 해에 부동산을 여러 채 팔면 각각의 양도차액을 합해 세금을 과세하며(양도세 중과 대상 물건은 없다고 가정), 부동산을 팔 때 내는 '양도소득세'는 위의 표와 같이 '누진세율'을 적용하기 때문에 양도차액이 많을수록 '세율 구간'이 높아져 차액 대비 세금 비율이 높아진다는 것을 유념하자.

부동산 보유 기간, 보유 주택 수에 따라 세금 계산 방법이 달라지는 경우도 있으나 여기에서는 이해를 돕기 위해 기본 세율로 계산해서 비교해보자.

※ 양도세 계산법: '최종 과세표준금액×세율－누진공제액'

1) 양도차액 ㉠아파트 5천만 원+A 아파트 1억 원

   =1억 5천만 원

2) 양도차액 ㉠아파트 5천만 원+B 아파트 중 1채 3천만 원

   =8천만 원

먼저 ㉠, A, B의 아파트를 각각 다른 해에 매도했을 경우 세금은 합산되지 않으므로 다음과 같다.

㉠아파트 양도차액 5천만 원=양도소득세 약 678만 원

A 아파트 양도차액 1억 원=양도소득세 약 2,010만 원

B 아파트 양도차액 3천만 원=양도소득세 약 342만 원

1)의 경우 ㉠아파트 양도차액 5천만 원과 A의 아파트 양도차액 1억 원을 합하면 한 해에 총양도차액이 1억 5천만 원이 되는데, 1억 5천만 원에 대한 양도소득세는 세율 구간이 38%로 상당히 높아 세금이 3,760만 원가량 된다. ㉠, A 아파트를 별도로 매도한 경우보다 세금을 1,072만 원 더 내게 되는 셈이다.

> ▶ ㉠아파트 678만 원+A 아파트 2,010만 원〈(㉠+A) 3,760만 원

2)의 경우 ㉠아파트 양도차액 5천만 원과 B의 아파트 3채 중 1채의 양도차액 3천만 원을 합하면 8천만 원이 되고, 8천만 원에 대한 양도소득세는 1,398만 원 정도 된다. ㉠, A 아파트를 별도로 매도한 경우보다 세금 378만 원을 더 내게 되는 셈이다.

> ▶ A아파트 678만 원+㉠아파트 342만 원〈(A+㉠) 1,398만 원

사례처럼 한 해에 2채 이상을 팔게 되면 양도소득세가 합산되어 세율 구간이 높아지고 분산투자하지 않았을 경우 1)과 같이 계속 보유했을 때 얻을 수 있는 예상 수익을 포기하면서 필요 이상의 세금까지 내는 경우가 있는데, 분산투자하게 되면 2)와 같이 최소한 필요 세금만 내고 자금을 확보할 수 있게 된다.

이렇게 분산투자로 필요한 만큼 일부만 매도해 현금을 확보함으로써 더 큰 수익을 추구할 수 있고, 세금 부분에서도 절세할 수 있다. 즉 소액 분산투자를 하면 그렇지 않은 경우보다 환금성이 좋아서 훨씬 안정적인 현금흐름을 확보할 수 있다.

소액 분산투자의 장점 4:
경험

어떤 분야든 이론 공부가 선행되어야 하고 그 이론을 바탕으로 실전 경험을 하는 것이 가장 빨리 성장할 수 있는 방법이다. 하지만 부동산은 큰돈이 들어가고 자금이 한정되어 있어 많은 경험을 한다는 것이 사실상 힘들다. 그럼에도 부동산은 법률, 심리, 서비스, 비즈니스 같은 다양한 분야를 다룰 줄 알아야 하기 때문에 그 어떤 분야보다도 실전 경험이 매우 중요하다. 경험치를 최대한 쌓기 위해서도 소액 분산투자는 필수적이다.

나는 지금까지 아파트를 10채 거래하면서 모두 다른 경험을 했다. 매도인과 다투기도 하고, 인테리어 업체 때문에 곤란한 상황을 겪어보기도 하고, 생각보다 쉽게 가격을 깎아보기도 하는 등 매번 색다른 경험을 하면서 여러 상황에 대처할 수 있게 되었다. 따라서 A처럼 1억 원으로 1채에 투자해서 한 번 경험하는 것보다 B처럼 1억 원으로 3채에 분산투자함으로써 3번 경험하는 것이 투자 경험을 쌓는 데 상당히 큰 도움이 될 것이다.

지금까지 소액 분산투자의 중요성과 필요성을 알아보았다. 투자에서 가장 중요한 것은 잃지 않는 투자를 하며 오래 살아남는 것이다. 그러려면 소액 분산투자가 필수적 요소다.

소액 분산투자를 함으로써 다양한 경험을 쌓고 수익률을 극대화하며 리스크를 최소화해 안정적으로 투자하자. 그리고 필요할 때 일부만 매도함으로써 현금흐름을 확보해 실패하지 않는 투자, 살아남는 투자자가 되자.

역세권 소형 아파트에 무조건 투자하라고?

역세권 소형 아파트에 투자하면 무조건 성공할까?
소형·대형 아파트는 각각의 특징이 있고 오르는 시기가 있다.

　　　　　　　　아파트에 대해 공부하다보면 아파트 연식을 5년 단위로 나누어 보기도 하고, 면적별로 나누어 보기도 한다. 면적으로 나누면 소형, 중소형, 중형, 중대형, 대형, 이렇게 5가지로 분류해볼 수 있다.

　쉽게 비교하기 위해 소형과 대형으로 나누어보면 소형 아파트에 살고자 하는 사람들과 대형 아파트에 살고자 하는 사람들은 조금 차이가 있다. 누구나 크고 좋은 집에 살고 싶어하지만 사회적·경제적 여건에 따라 모두 대형 아파트에서 살 수 없고 그만큼 주요 수요층 또한 나뉘게 된다.

소형 아파트와 대형 아파트의 특징을 알아보고, 어느 아파트에 투자하는 것이 효율적일지 살펴본 다음 전략적으로 투자하자.

소형 아파트 vs.
대형 아파트

우리나라 전체에 연간 필요한 아파트 세대수는 26만 세대 정도 된다. 그리고 우리나라 2017년 혼인 건수는 총 26만 4,500건이라고 한다. N포 세대라는 용어가 생길 정도로 어려운 사회경제 여건으로 혼인 건수가 줄어드는 추세인 점과 26만 4,500쌍 중 아파트 외에 다른 주거형태로 신혼생활을 시작하는 부부들을 감안하더라도 신혼부부 숫자는 우리나라 아파트 수요에 상당한 영향을 미칠 만한 수치다.

그렇다면 신혼부부들은 소형 아파트에서 살까, 아니면 대형 아파트에서 살까? 당연히 소형 아파트에서 사는 신혼부부가 훨씬 많다. 그리고 요즘 신혼부부들은 대부분 맞벌이를 한다. 즉 남자, 여자 모두 아침마다 직장으로 출퇴근해야 한다는 뜻이다. 지하철이 들어와 있는 대도시에서 출퇴근할 때 가장 많이 이용하는 교통수단은 지하철이다.

신혼부부들은 대개 아직 아기가 없기 때문에 아기를 위한 쾌적

소형 아파트	대형 아파트
신혼부부	중·장년층
직장인	학군지역
역세권	부유층
서민층	쾌적성
편의성	조망권

한 환경보다는 부부가 생활하기 좋은 편의성을 갖춘 지역을 선택하게 된다. 보통 역세권 주변은 비역세권 지역보다 유동인구가 많기 때문에 상권도 잘 발달되어 편의성을 중요시하는 신혼부부에게 더욱 좋은 곳이다. 그렇기 때문에 많은 사람들이 '수요가 탄탄한 역세권 소형 아파트'를 투자 대상 1호라고 말한다.

그렇다면 대형 아파트는 어떤 사람들이 선호할까? 당연히 소형 아파트에 거주하는 사람들보다는 경제적으로 여유 있는 사람들이 선호할 것이다. 소형 아파트에 살다가 아이가 한 명, 두 명 생기면 사회에서 조금씩 자리를 잡기도 하고, 가족이 많아져 아파트 면적을 늘리려는 수요가 발생하기도 한다. 그러다가 아이가 학교에 갈 나이가 되면 교육열에 불타는 우리나라 학부모들은 학군이 좋은 지역으로 이사 가려고 한다. 출퇴근이 편한 역세권보다 학군이 더욱 우선시되는 것이다. 그래서 학군이 좋은 지역으로 가보면 소형 아파트보다 중대형 아파트가 많이 지어져 있는 것을 볼 수 있다.

건설사에서도 수요층을 고려해 아파트를 짓는 것이다.

　대형 아파트에는 상대적으로 경제적 여유가 있는 부유층이 거주하다보니 유동인구가 많은 역세권보다는 조용하고 쾌적한 환경에서 거주하기를 좋아하고, 특히 한강변 아파트와 같이 조망권이 좋은 아파트를 선호하는 경향이 있다. 실제 생활과 직접적으로 큰 상관이 없는 조망에도 그들은 비싼 값을 지불할 여유와 의사가 있는 것이다.

소형 아파트의
몰락

그렇다면 '아파트 수요층 중 신혼부부가 상당 부분을 차지하니 수요가 많은 역세권 소형 아파트에 투자하면 되지 않나?'라고 생각할 수 있다. 하지만 재테크에서 절대적인 것은 없다.

　다음에 볼 그림은 KB부동산에서 제공하는 아파트 시세 그래프 중 하나인데, 부산 해운대구에 위치한 역세권 소형 아파트의 경우다. 부산에서도 가장 비싸고 좋다는 해운대구에 있고 역세권에 위치했는데도 2016년 10월쯤 이후에 가격이 계속 떨어지고 있는 상황이다.

　더군다나 해당 아파트는 초품아(초등학교를 품은 아파트)에 대학

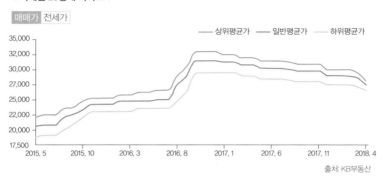

: 역세권 20평대 아파트 :

매매가 전세가

상위평균가 일반평균가 하위평균가

출처: KB부동산

병원도 바로 앞에 있고 근처에 백화점, 마트까지 있는 그야말로 입지도 좋고 살기도 좋은 아파트 중 하나다. 하지만 가격이 떨어지고 있다.

위 그래프에서 만약 분위기가 최고로 뜨거웠을 2016년 여름, 다들 아파트투자로 돈을 벌었다고 얘기할 때 뒤늦게 10월 이후 아파트를 샀다면 지금쯤 어떻게 되었을까? 3천만~4천만 원 이상 시세가 떨어지고 2년 뒤인 2018년 말쯤 전세 재계약을 하거나 매도해야 하는데 매매 시세와 전세 시세가 모두 떨어져 돈이 더 들어가게 된다. 매도하려면 손해를 봐야 하는데 아마도 매매거래마저 잘되지 않을 것이다. 역세권 소형 아파트라고 해서 무조건 투자 대상 1호가 되는 것이 아니라는 말이다.

갈수록 1가구당 인구수가 줄어들고 1인 가구가 많아질 것이기 때문에 장기적으로 소형 아파트에 투자하는 것이 좋다는 사람들이 꽤 많다. 틀린 말은 아니지만 그런 전망은 말 그대로 장기적 관점일 뿐이고, 실제 아파트 가격은 앞의 그림에서 보는 것과 같이 일정 기간 오르기도 하고 혹은 일정 기간 떨어지기도 한다. 가격 등락은 장기적 전망에 의존할 것이 아니라 실제 단기적으로 가격에 영향을 미치는 수요·공급에 대해 공부해야 하고, 수요와 공급에 따라 변하는 가격 흐름을 꾸준히 관찰해야 한다.

앞의 그림에서 2015년에 해당 아파트를 매수했다면 아마도 시세차익을 많이 내고 성공적인 투자 결과를 냈을 것이다. 경제에서 모든 재화의 가격은 수요와 공급에 따라 결정되기 마련이다. 아파트도 마찬가지다. 아파트 가격도 수요 대비 공급이 적을 때 가격이 오르고, 그렇게 가격이 오르내리는 데는 어느 정도 일정한 흐름이 있다.

여기저기서 역세권 소형 아파트가 좋다고 하는 말을 듣고 무조건 역세권 소형 아파트에 투자하지 말고 현재 역세권 소형 아파트 가격이 오르는 시기인지 확인하고 투자해야 한다. 앞의 그림에서 2015년과 같이 아파트 가격이 상승 흐름을 탔을 때 투자해야 하는 것이다.

아파트 가격 흐름을 알려면 입주물량, 미분양 물량을 살펴 공급에 대해 공부하고, 과거 흐름과 현재 흐름에 대해 지속적으로 관찰함으로써 가격이 상승할 확률이 가장 높은 곳에 투자해야 한다. 공급과 흐름에 대한 것은 4장에서 자세히 살펴보겠다.

시대가 급변하듯 아파트 가격이 오르는 환경과 트렌드도 지속적으로 조금씩 변한다. 아파트 가격이 변하는 원리를 공부하고 가격 흐름을 이해하려고 노력하자. 그래야 '묻지 마 투자'가 아닌 '확실한 투자'를 할 수 있다. '역세권 소형 아파트에 무조건 투자하라'는 명제는 틀렸다!

살기 좋은 아파트 vs. 투자하기 좋은 아파트

로열층과 남향이 살기 좋은 것은 누구나 안다.
하지만 편견을 버리고 투자자의 눈으로 바라보자.

당신은 어떤 아파트에서 살고 싶은가?
나는 새 아파트에 지하철역이 가깝고 근처에 마트나 백화점이 있으면 좋겠으며 남향에 로열층이라서 햇빛도 잘 들고 전망도 좋은 곳에서 살고 싶다. 아마 당신도 비슷할 것이다. 굳이 일부러 지하철역이 먼 곳에 햇빛이 들지 않는 아파트에서 살고 싶지는 않을 것이다. 이렇듯 자금이 부족해 그 꿈을 잠시 접어두는 것일 뿐 누구나 살고 싶어하고 꿈꾸는 아파트는 비슷하다.

투자할 때도 마찬가지다. 자금 여력이 충분하고 돈이 많이 들어가도 적당히 벌면 된다고 생각하는 사람은 좋은 아파트, 남향,

로열층 아파트에 투자하면 된다. 하지만 나처럼, 우리처럼 자금 없이 자수성가해야 하는 흙수저들은 조금 힘들더라도 최소한의 투자금으로 수익률을 최대치로 올려 자산을 최대한 빠르게 불려야 한다.

그러려면 소액 분산투자를 해서 수익률 극대화, 안정성, 환금성을 얻을 수 있는 곳에 투자해야 한다. 따라서 무조건 좋은 아파트에 몰아서 투자하는 것은 오히려 비효율적일 수 있다.

층수에 대한
편견을 버려라

먼저 층에 대해 살펴보자. 사정이 있어 1층이나 저층에 사는 사람들 외에는 대부분 로열층에서 살고 싶어한다. 1층은 사생활 보호가 잘되지 않아 선호도가 떨어지고, 저층인 2~4층은 해가 잘 들어오지 않고 어중간하다. 가장 꼭대기 층인 탑층은 옥상과 붙어 있어 여름에는 열기가 그대로 전해져 덥고, 겨울에는 추워 다른 층에 비해 베란다 결로 현상이 잘 일어나며 곰팡이가 생길 확률이 높아 선호도가 떨어지고 값이 싸다.

투자자는 오히려 이런 부분을 이용해야 한다. 선호도가 조금 떨어질 뿐 저층과 탑층에도 누군가는 살고 있다. 저층과 탑층의 단점을 보완하고 장점을 살린다면 오히려 경쟁력이 생길 수 있다. 저층과 탑층은 선호도가 떨어지는 만큼 매매 가격이 10% 정도 저렴한 편이다.

여기서 중요한 것이 한 가지 있다. 바로 전세 가격이다. 갭투자는 전세 가격이 더욱 중요하다고 했다. 저층과 탑층이 매매 가격은 몇천만 원 저렴한 반면 전세 가격은 크게 차이 나지 않는다. 이것이 가장 중요한 부분이다.

갭투자를 할 때 전세 수요가 많고, 나와 있는 전세 매물 수가 적은 곳이어야 한다고 했다. 그런 곳에서는 전세물량 자체가 부족하기 때문에 저층이나 탑층이라도 로열층 전세 가격과 같거나 비슷하게 맞출 수 있다. 앞서 말했듯이 투자는 수익금이 아닌 수익률을 높이는 것이 중요하다.

: 아파트 매매 계약서 :

아파트 매매 계약서

아래 부동산에 대하여 매도인과 매수인은 합의하여 다음과 같이 매매계약을 체결한다.

1. 부동산의 표시

소 재 지	경기도				1506호		
토 지	지 목	대	대지권(비율)	29703.7분의 46.483	면 적		46,683㎡
건 물	구 조	철근콘크리트	용 도	공동주택	면 적		84.90㎡

2. 계약내용

제1도 〔매매대금 및 지급시기〕   ① 매도인과 매수인은 매매대금 및 지불시기를 다음과 같이 약정한다.

매 매 대 금	一金 사억팔천구백만	원整 (₩ 465,000,000)

앞의 그림은 내가 투자했던 경기도의 한 아파트 매매계약서다. 자세히 보면 1506호라고 되어 있다. 15층 중 15층으로 탑층이고, 매매 가격은 4억 6,500만 원이다. 내가 이 아파트를 선택한 이유는 매도인이 실거주용으로 깔끔하게 수리해놓았기 때문이다. 탑층이라 결로가 생기기 쉬운 벽에 결로 방지 단열재를 설치함으로써 탑층의 단점을 보완했고 섀시, 화장실 등 전체적으로 인테리어를 해서 오히려 웬만한 아파트보다 깨끗하고 전망까지 좋아 더욱 만족스러웠다.

아마 로열층을 비슷한 수준으로 수리했다면 매매 가격이 4억 9천만 원 정도는 했을 것이다. 이 집은 4억 4천만 원에 전세를 맞추었다. 역대 최고 전세 가격이었다. 내가 로열층만 고집했다면 투자금이 훨씬 많이 들어가게 되어 아마도 투자하지 못했을 것이다.

방향에 대한
편견을 버려라

다음은 아파트 일조권에 영향을 미치는 '방향'이다. 우리나라에서 남향 아파트를 선호하는 이유는 햇빛이 잘 들기 때문이다. 해가 동쪽에서 떠서 서쪽으로 지는 동안 가장 오랜 시간 햇빛을 받을 수 있어 집이 따뜻하고 그로써 난방비까지 절감할 수 있다. 하지만 다른 방향 아파트를 선호하는 사람은 정말 없을까?

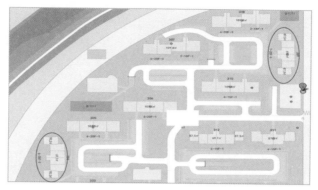

: 평형에 따른 방향 배치(구미동 무지개건영) :

예를 들어 식당을 운영하는 분들은 주로 오전에 집에서 시간을 보내고, 오후부터 밤늦게까지 집을 비운다. 그런 분들에게 낮 시간에 해가 잘 들어 따뜻한 집이 실용적일까? 오히려 해가 중천을 넘어가는 오후부터는 해가 들지 않아 따뜻하지 않더라도 해가 뜨는 아침에 햇빛이 잘 들어 오전 내내 집이 따뜻한 동향 아파트가 더 실용적일 것이다.

위의 그림은 경기도의 A아파트 단지도를 캡처한 것이다. 빨간색으로 표시한 69m²(21평) 아파트가 총 4개 동에 있고 그 중 2개 동은 동향이다. 모두 그런 것은 아니지만 같은 단지 안에서 평수가 클수록 좋은 위치와 남향 위주로 배치를 많이 하고, 상대적으로 작은 평수는 동의 위치와 방향이 덜 좋은 곳에 배치하는 게 보편적이다.

위의 그림에서도 109m²는 전부 남향에 있지만 다른 평수는 남

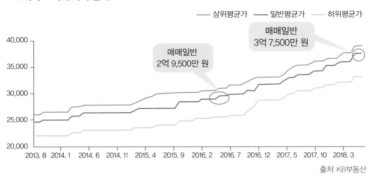

: A아파트 시세 가격 변화 :

상위평균가 —— 일반평균가 —— 하위평균가

매매일반
2억 9,500만 원

매매일반
3억 7,500만 원

출처: KB부동산

향과 동향이 섞여 있다. 그렇다면 빨간색으로 표시한 곳처럼 동향으로 자리 잡은 69m² 아파트는 투자 대상이 되지 않을까?

탑층과 로열층을 비교한 것과 마찬가지다. 같은 평수 기준으로 남향에 위치한 69m²보다 동향에 위치한 69m²가 당연히 값이 저렴할 것이다. 하지만 해당 아파트에 전세 매물이 많이 없는 상황이라면 전세 가격은 아마도 비슷할 것이다. 이렇게 투자금을 최소화해서 투자했다고 가정하고, A아파트의 현재까지 가격 변화를 살펴보자.

위의 그림에서 보듯 최근 2년 동안 시세가 2억 9,500만 원에서 3억 7,500만 원으로 8천만 원 올랐으니 엄청나게 오른 것이다. 과연 저렇게 시세가 오르는 동안 남향에 위치한 아파트만 올랐을까? 당연히 동향 아파트도 같이 올랐을 것이다. 물론 남향 아파트가 더 비싼 가격에 팔릴 수 있겠지만 투자금이 더 많이 들어가서 수익률은 동향 아파트가 더 좋을 수도 있다.

투자금을 줄이기 위해 무조건 로열층, 남향 물건을 제외하고 탑층, 동향 물건에 투자하라는 것이 아니다. 투자하려는 로열층, 남향 물건에 생각했던 투자금이 들어가는 상황이라면 좋겠지만 그렇지 않은 경우 상대적으로 저렴하게 나온 탑층, 저층, 동향 물건도 충분히 검토해볼 만하다는 것이다.

보통 남향 물건은 동향 물건에 비해 매매 가격과 전세 가격의 차이가 크지만 가격이 상승할 때는 같이 따라간다. "부동산은 입지다"라는 말처럼 같은 단지 안에서 층과 향을 따지기보다 가격 흐름과 오를 만한 입지에 있는 아파트인지가 훨씬 중요하다.

투자하기 좋은 아파트

✓ 단점은 오히려 수익률을 높일 수 있는 기회다.
✓ 로열층과 남향이 아니어도 된다.
✓ 투자금을 줄여서 수익률을 극대화하자.
✓ 중요한 것은 뭐니뭐니해도 입지다.

아파트라는 파이프라인을 만들고 시스템화하자

'아파트'라는 나만의 '파이프라인'을 만들고
시스템화하여 체계적으로 수익을 창출하자.

        '파이프라인 우화'를 들어본 적이 있는
가? 내용을 간략히 소개하면 이렇다.

A와 B라는 청년 2명이 있었다. 이들은 오아시스의 물을 길어 나
르는 일로 하루하루 생계를 유지했다. B는 일에 만족해 매일 열심
히 물을 길어 꾸준히 돈을 벌었지만, A는 이 일의 한계를 깨닫고
오아시스에 파이프를 연결하기 시작했다.

파이프를 연결하는 데 시간을 모두 쏟은 나머지 A는 물을 긷지
못해 당장 수입이 줄었고, B는 이런 A를 안타까워했다. 하지만 얼
마간의 시간이 지난 뒤 A의 파이프라인이 완성되었다. 여전히 직

접 물을 긷는 B와 달리 A는 자신이 연결한 파이프를 통해 오아시스에 있는 물을 자동으로 끌어옴으로써 노동력 없이 지속적으로 수익이 발생하게 되었다. 이후 A가 힘들고 지쳐가는 B를 파이프라인 세계로 인도함으로써 둘은 함께 여러 사람의 파이프라인 구축을 돕는다.

처음에는 수익이 적고 조금 힘들더라도 완성되면 노동력 없이 수익이 끊임없이 발생하기 때문에 그렇지 않은 경우와 비교할 수 없는 성과를 얻게 된다는 교훈이 담긴 이야기다.

아파트투자로
파이프라인을 늘려라

사람들은 대부분 물을 직접 길어 나르는 것을 당연하게 생각한다. 하지만 직접 물을 길어 나르는 일의 가장 큰 단점은 피치 못할 사정으로 물을 긷지 못하면 수입도 전혀 발생하지 않는다는 것이다. 노동력과 수입을 일대일로 맞교환하는 시스템이기 때문이다.

여기서 벗어나지 못하면 평생 일해야 하며, 우리의 궁극적 목표인 '시간적·경제적 자유'를 끝내 얻지 못하게 될 것이다. 따라서 우리는 직장생활을 하면서 힘들더라도 반드시 월급 이외에 수입이 발생할 수 있는 자신만의 파이프라인을 하나씩 계속 구축해나가야 한다.

아파트투자는 나만의 파이프라인이다. 아무것도 모르는 젊은 놈이 책 몇 권 읽더니 강의를 들어보겠다며 부모님과 비슷한 연배의 어른들 사이에서 멀뚱멀뚱 강의를 들을 때가 있었다. 나이차가 많이 나서 이것저것 물어보기도 불편했고, 막상 물어보면 아무것도 모르는 내게서 얻을 게 없어 보였는지 일부 어른들은 나를 차갑게 대하기도 했다. 부동산 사무실에 가면 어린 내가 귀찮은 듯 홀대하는 일도 있었다. 하지만 나는 나만의 파이프라인을 반드시 만들겠다고 다짐했다.

부동산 사무실에서 신혼부부인 척하며 나에게 유리한 정보를 얻어내기도 하고, 오히려 나이 어린 부분을 이용하기도 했다. 그렇게 3년간 나만의 파이프라인을 구축하려고 노력하다보니 그 파이프라인을 통해 수익을 내기도 했으며, 그 수익을 기반으로 더 많은 파이프라인을 만들어가고 있다.

내가 하는 갭투자로 아파트 1채를 세팅하면 2년간 크게 신경 쓸 일이 없다. 오래된 아파트에 투자하다보니 집에 문제가 생길 때가 있지만 대부분 큰 문제는 생기지 않는다. 그렇게 세팅하고 나면 내 노동력을 쓰지 않더라도 2년이 지난 뒤에 가격은 올라 있고 나에게 수익을 안겨준다.

이러한 아파트 파이프라인을 하나 둘 늘려가고 이를 반복할수록 익숙해져 파이프라인 하나를 구축할 때 소요되는 노동력 또한 조금씩 줄어들게 된다. 그렇게 늘어나는 갭투자 파이프라인을 통해 나의 자산은 점점 속도를 높여 급속도로 쌓일 것이다. 겪어보니 갭투자 파이프라인은 평범한 20대, 30대 직장인이 가장 안정적·효율적으로 빠르게 자산을 모을 수 있는 방법이다.

체계적으로
투자하라

파이프라인을 구축할 때 조금 더 효율적인 시스템을 만들기 위해 파이프라인을 체계적으로 만들어야 한다. 앞서 '소액 분산투자' 부분에서 물건별 만기 시점을 분산하라고 했던 것과 비슷한 내용이다. 투자금을 분산해 투자할 때 만기 시점 또한 일정하게 분산하는 것이다.

어떤 사업을 확장하려면 시스템화할 필요가 있다. 시스템화한다는 것은 노동력 개입을 최소화하는 자동화 개념도 있지만 사업을 체계적으로 한다는 의미도 있다. 체계적으로 만들어야 체계적이지 않을 때 발생하는 부수적 스트레스를 최소화하고, 효율적으로 사업을 확장할 수 있다. 이는 아파트투자에서도 마찬가지다.

체계적인 A씨와 그렇지 않은 B씨가 있다. 둘 다 열심히 아파트투자를 한 덕분에 아파트를 각각 8채씩 가지고 있다. 임대차계약

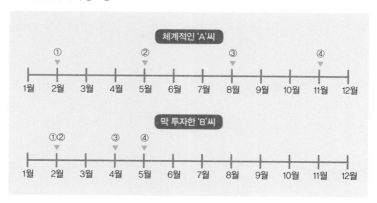

: 체계적인 투자의 중요성 :

기간이 2년인 것을 감안해 1년에 4채가 만기가 돌아온다고 가정하자. 1년 기준 아파트 물건별로 ①, ②, ③, ④ 번호를 붙여 만기 시점을 나타냈다.

3개월에 한 번씩 만기가 돌아오도록 체계적으로 투자한 A씨는 마음이 편하다. 3개월에 한 번씩 전세 재계약을 할지 혹은 매도할지 고민하게 되고, 혹시나 시장 분위기가 좋지 않아 전세 재계약이나 매도가 원활하지 않으면 1채당 3개월이라는 해결 시간이 확보된다.

하지만 체계적으로 투자하지 않고 성급하게 막 투자한 B씨는 결국 4채의 만기 시점이 2월, 4월, 5월로 4개월 사이에 몰리게 되었다. 시장 분위기가 좋아 물건마다 계획대로 처리되면 좋겠지만 그렇지 못한 경우 힘든 상황이 발생할 수 있다. 4채 모두 가격이 올랐더라도 매도하거나 전세 재계약을 해서 기존 세입자의 전세 보증금을 내줘야 하기 때문에 골치가 아프다.

체계적인 A씨처럼 아파트 8채의 만기 시점을 3개월 간격으로 일정하게 분산해 세팅하면 3개월마다 지속적으로 목돈이 생긴다. 매달 받는 월급 외에 월급보다 훨씬 큰 금액이 3개월마다 들어오는 시스템이 만들어지므로 일부는 가족과 여행이나 외식을 하며 행복한 시간을 보내는 데 쓸 수 있고, 나머지는 다시 새로운 파이프라인을 세팅하는 데 쓰면 된다.

똑같이 12채를 체계적으로 세팅하면 2개월마다 만기가 돌아오는 시스템을 만들 수 있다. 이러한 지속적인 현금흐름은 생활을 윤택하게 할 뿐만 아니라 재테크에서도 엄청난 도움이 된다.

자신에게 맞게
시스템화하라

아파트시장에 대해 공부할 때 중요한 것 중 하나는 시장에 대한 지속적인 관심과 동향 관찰이다. 그런데 사람들은 자금이 떨어지면 관심도 떨어지고, 자금이 다시 생기면 투자처를 찾으며 다시 관심을 보인다. 체계적인 A씨처럼 주기적으로 돈이 들어오는 시스템을 만들면 관심도 꾸준히 가지게 되고, 갑작스레 돈이 필요한 경우가 발생하더라도 이에 대처할 수 있다.

누구나 관심의 끈을 놓지 않고 지속적으로 투자하다보면 아파트 수를 충분히 늘릴 수 있다. 다만 체계적으로 만들어가는 사람과 그렇지 않은 사람은 투자를 지속할수록 차이를 보이게 된다.

각자 성향에 맞게 일정 수준까지 아파트 개수를 늘리되, 개수가 너무 많아지면 직장생활이나 일상생활에 영향을 주고 스트레스가 될 수 있으므로 적정 개수까지만 세팅하는 것이 좋다. 그다음에는 개수를 유지하면서 늘어난 투자금으로 더 좋은 아파트, 더 중심지에 있는 아파트로 단계를 올리는 것이 좋다.

나는 10~15채 정도를 유지할 생각이다. 10~15채를 유지하면서 늘어나는 자금으로 조금 더 중심지로, 조금 더 좋은 아파트로 투자 영역을 넓히고, 어느 정도 자산이 쌓이면 월세를 안정적으로 받을 수 있는 수익형 부동산에 대한 투자도 고려할 계획이다.

직장생활을 하면서 월급 외에 수입이 생긴다는 것은 정말 즐거운 일이다. 직장생활만 하는 사람들에게는 직장이 생계를 위한 유일한 수단이기 때문에 삶에서 큰 부분을 차지하게 된다. 하지만 직장 외에 자신만의 파이프라인이 있는 사람은 회사에서 받는 스트레스를 조금 더 가볍게 넘길 수 있다. 직장이 아니더라도 수입을 가져다줄 파이프라인이 있기 때문이다. 그러면 마음에 여유가 생기고, 자신감이 생긴다. 심지어 얼굴도 좋아지고, 사소한 일에 일희일비하지 않으니 회사생활이 더 잘되기도 한다.

아파트투자를 하다보면 한 채당 적게는 몇백만 원부터 많게는 몇천만 원, 몇억 원까지 가격이 오를 수도 있다. 돈이 다는 아니지만 우리가 살아가는 데는 큰 영향을 미친다. 내가 투자한 부동산의 가격이 오르면 그 돈으로 새로운 무언가를 해볼 수 있겠다는 희망을 갖게 된다. 다만 나만의 파이프라인을 구축하는 과정이 힘들고 스트레스가 되면 지치게 된다. 따라서 투자하기 전에 얼마를 투자하고 만기 시점을 언제로 세팅할지 투자 계획을 미리 세우고 체계적으로 늘려 나가야 한다.

앞에서 소개했던 투자에 필요한 기초 지식들과 다음에 펼쳐질 실질적인 투자에 필요한 내용을 잘 살펴 흙수저 사회 초년생들이 자수성가하기 위한 자신만의 체계적인 파이프라인 구축에 한 걸음씩 가까워지길 바란다. 자신만의 파이프라인을 차근차근 구축해나가되 체계적으로 시스템화함으로써 직장생활을 즐겁게 하고, 항상 미래에 대한 희망을 안고 살아가길 바란다.

파이프라인과 시스템화

- ✓ 월급 외에 수입이 발생할 수 있는 파이프라인을 구축하라.
- ✓ 투자하기 전에 계획을 세워라.
- ✓ 파이프라인을 확장하라.
- ✓ 체계적으로 시스템화하라.

부동산매매계약서 보는 법

① 거래하는 부동산의 기본 정보 표시
- **소재지**: 등기부등본에 등재된 부동산의 정확한 주소
- **지목**: 전, 답, 대지 같이 토지의 주된 사용 목적에 따라 토지 종류를 구분해 표시하는 명칭. 아파트는 '대지'
- **대지권**: 아파트는 단지 전체의 토지 면적을 호수별로 건물 면적에 따라 나눠 갖게 됨. 단지 전체 토지 면적 대비 소유 토지 면적에 대한 비율을 의미 예 19696.8분의 27.09
- **면적**: 대지권에 따른 소유 토지의 면적
- **구조**: 건물의 구조 예 철근콘크리트
- **용도**: 단독주택, 상가, 오피스텔 같은 건물의 용도. 아파트의 경우 공동주택 또는 아파트
- **면적**: 해당 부동산(아파트는 개별 동, 호수)의 건물 면적

② 거래 금액 표시
- **매매대금**: 거래하는 부동산의 총가격
- **계약금**: 계약시 먼저 지급하는 금액으로 보통 매매대금의 10%(협의하에 변경 가능)
- **융자금**: 은행 대출금. 대출금을 매수자에게 승계하는 경우 기재
- **임대보증금**: 해당 부동산에 임대차 관계가 있고 이를 매수자에게 승계하는 경우 기재
- **중도금**: 계약 이후 잔금 날까지 기간이 긴 경우 계약금과 잔금 사이에 지급하는 돈으로 민법상 중도금을 지급하면 계약을 해지할 수 없음
- **잔금**: 계약금, 융자금, 임대보증금, 중도금을 제외하고 지급해야 할 나머지 매매대금

③ 한국공인중개사협회에서 제공하는 표준매매계약서에 기재되어 있는 부동산 거래에 필요한 기본 사항들. 제2조의 부동산 인도일(잔금일)과 제7조의 부동산 중개 수수료율은 계약시 기재하는 사항이므로 볼 필요가 있지만 잔금일은 ②번에도 기재되어 있고 수수료율은 정해진 비율이 있으므로 크게 신경 쓸 필요는 없다.

④ 거래와 관련된 추가 사항이나 상호 협의하에 특약으로 요구할 사항들 기재 예 대출에 관한 내용, 잔금 날짜 변경 가능 여부

⑤ 관계자들의 인적 사항 기재
- **매도인, 매수인**: 파는 사람(매도인)과 사는 사람(매수인)의 인적 사항을 기재하고 서명 또는 기명날인을 한다. 대리인이 계약할 경우 대리인의 인적 사항도 함께 기재
- **중개업자**: 부동산 거래는 매도인과 매수인이 1개 중개업소를 통해 거래하는 경우

부 동 산 매 매 계 약 서

매도인과 매수인 쌍방은 아래 표시 부동산에 관하여 다음 계약 내용과 같이 매매계약을 체결한다.

1.부동산의 표시

①
소 재 지								
토 지	지 목		대 지 권			면 적		m²
건 물	구조 · 용도		면 적					m²

2. 계약내용

제1조 (목적) 위 부동산의 매매에 대하여 매도인과 매수인은 합의에 의하여 매매대금을 아래와 같이 지불하기로 한다.

②
매매대금	금			원정(₩		)
계 약 금	금		원정은 계약시에 지불하고 영수함. 영수자(		인)	
융 자 금	금	원정(은행)을 승계키로 한다.	임 대 보 증 금	총	원정을 승계키로 한다.	
중 도 금			원정은	년	월	일에 지불하며
			원정은	년	월	일에 지불한다.
잔 금			원정은	년	월	일에 지불한다.

③ 제2조 (소유권 이전 등) 매도인은 매매대금의 잔금 수령과 동시에 매수인에게 소유권이전등기에 필요한 모든 서류를 교부하고 등기 절차에 협력하며, 위 부동산의 인도일은 _____ 년 _____ 월 _____ 일로 한다.

제3조 (제한물권 등의 소멸) 매도인은 위의 부동산에 설정된 저당권, 지상권, 임차권 등 소유권의 행사를 제한하는 사유가 있거나, 제세공과 기타 부담금의 미납금 등이 있을 때에는 잔금 수수일까지 그 권리의 하자 및 부담 등을 제거하여 완전한 소유권을 매수인에게 이전한다.

제4조 (지방세 등) 위 부동산에 관하여 발생한 수익의 귀속과 제세공과금 등의 부담은 위 부동산의 인도일을 기준으로 하되, 지방세의 납부의무 및 납부책임은 지방세법의 규정에 의한다.

제5조 (계약의 해제) 매수인이 매도인에게 중도금(중도금 없을 때에는 잔금)을 지불하기 전까지 매도인은 계약금의 배액을 상환하고, 매수인은 계약금을 포기하고 본 계약을 해제할 수 있다.

제6조 (채무불이행과 손해배상) 매도인 또는 매수인이 본 계약상의 내용에 대하여 불이행이 있을 경우 그 상대방은 불이행한 자에 대하여 서면으로 최고하고 계약을 해제할 수 있다. 그리고 계약당사자는 계약해제에 따른 손해배상을 각각 상대방에게 청구할 수 있으며, 손해배상에 대하여 별도의 약정이 없는 한 계약금을 손해배상의 기준으로 본다.

제7조 (중개수수료) 중개업자는 매도인 또는 매수인의 본 계약 불이행에 대하여 책임을 지지 않는다. 또한, 중개수수료는 본 계약체결과 동시에 계약 당사자 쌍방이 각각 지불하며, 중개업자의 고의나 과실없이 본 계약이 무효 · 취소 또는 해제되어도 중개수수료는 지급한다. 공동 중개인 경우에 매도인과 매수인은 자신이 중개 의뢰한 중개업자에게 각각 중개수수료를 지급한다.(중개수수료는 거래가액의_____%로 한다.)

제8조 (중개수수료 외) 매도인 또는 매수인이 본 계약 이외의 업무를 의뢰한 경우 이에 관한 보수는 중개수수료와는 별도로 지급하며 그 금액은 합의에 의한다.

제9조 (중개대상물확인 · 설명서 교부 등) 중개업자는 중개대상물 확인 · 설명서를 작성하고 업무보증관계증서(공제증서 등) 사본을 첨부하여 계약체결과 동시에 거래당사자 쌍방에게 교부한다.

④
특약사항	

본 계약을 증명하기 위하여 계약 당사자가 이의 없음을 확인하고 각각 서명 · 날인 후 매도인, 매수인 및 중개업자는 매장마다 간인하여야 하며, 각각 1통씩 보관한다.   년   월   일

⑤
매도인	주 소						
	주민등록번호			전 화		성명	인
	대 리 인	주 소		주민등록번호		성명	
매수인	주 소						
	주민등록번호			전 화		성명	인
	대 리 인	주 소		주민등록번호		성명	
중개업자	사무소소재지			사무소소재지			
	사 무 소 명 칭			사 무 소 명 칭			
	대 표	서명및날인	인	대 표	서명및날인		인
	등 록 번 호		전화	등 록 번 호		전화	
	소속공인중개사		인	소속공인중개사	서명및날인		인

출처: 한국공인중개사협회

도 있고, 매도인 측과 매수인 측 중개업소가 각각 중개하는 경우도 있다. 중개하는 공인중개사무소에 대한 정보 기재와 서명 또는 기명날인

아파트투자는 전국을 대상으로 해야 한다. 지역마다 아파트 가격의 흐름이 다르기 때문에 상승하는 지역과 하락하는 지역이 공존하기 마련이다. 이러한 아파트 가격의 흐름에 있어서 핵심 요소인 수요 · 공급에 대해 알아보고, 지역별 현재 흐름, 침체 여부 등을 살펴보는 여러 가지 지표부터 실전 투자에 필요한 손품, 발품을 파는 방법에 이르기까지 저자의 투자 노하우에 대해 기술했다. 무조건 많은 수익을 내는 투자가 아닌 안정적으로 꾸준히 수익을 낼 수 있는 실패하지 않는 투자 방법에 대해 알아보자.

4장

아파트 실전투자를 위한
완벽한 공부법

유일한 선행지표인 입주물량을 체크하라

'가격'의 가장 중요한 핵심은 수요와 공급이다.
'입주물량'으로 아파트의 수요와 공급을 살피자.

경제에는 부동산, 주식, 채권 같은 재테크 분야뿐만 아니라 음식, 전자제품, 옷, 책 같이 일상과 밀접한 분야까지 아주 다양한 분야가 있고, 각 분야의 모든 재화에는 상품으로써 거래되는 '가격'이 있다.

그렇다면 이 가격은 어떻게 결정될까? 학교에서 시장 가격이 형성되는 가장 기본적인 원리가 수요와 공급이라는 것을 배운 적이 있을 것이다. 특정 상품에 대한 사람들의 수요가 공급에 비해 많으면 수요자 간에 경쟁이 생겨 가격이 자연스레 올라가고, 반대로 수요 대비 공급이 많아지면 수요자로서는 많이 공급되어 있는 상품들 중에서 고를 수 있게 되고 공급자로서는 생산된 상품들을 전부 팔아야 하므로 가격을 낮추게 된다. 이렇듯 수요와 공급이 가격을 결정하는 가장 기본 원리이자 중요한 요소다.

아파트를 포함한 부동산 가격도 마찬가지다. 아파트에 대한 수요가 공급량에 비해 많으면 가격이 올라갈 확률이 높아지고, 그렇지 않으면 가격이 떨어질 확률이 높아진다. 정책이나 사람들의 심리 같이 아파트 가격에 영향을 미치는 다른 요소들도 있지만 가격을 형성하는 가장 핵심적인 요소는 수요와 공급이다. 이제 수요와 공급에 대해 본격적으로 알아보자.

지역별 아파트
적정 수요량 계산

먼저 수요 부분이다. 아파트 수요에 영향을 미치는 요소는 다양하지만 연간 적정 아파트 수요를 계산하는 관례적인 방법이 있다.

인구수×0.05~0.055% 또는 세대수×1.1~1.3%

나는 이 중에서 아파트 공급 분석 전문강사 한 분이 여러 논문과 평균 세대수 증감 비율 등을 바탕으로 연구한 결과값으로 투자자들 사이에서 가장 대중화한 '인구수×0.05%' 계산식을 사용하고 있다.

적정 수요는 '1+1=2'처럼 딱 맞게 떨어지는 것이 아니기 때문에 이 계산법 중 어떤 것이 좋다고 말할 수는 없다. 이 계산법 중 하나를 사용해서 계산한 결과값(수요량)에 비해 공급량이 지나치게 많은지, 현저하게 적은지, 적정한지를 대략 판단하면 된다.

예를 들어 특정 지역의 연간 적정 아파트 수요량이 1만 세대인데 1만 100세대가 공급되었다고 해서 가격에 큰 영향을 미치는 것은 아니다. 따라서 이 계산법 중 어떤 것을 사용해도 큰 문제는 없다. 참고로 재개발·재건축을 진행해 기존 주택을 허물게 되어 이사 가야 함으로써 발생하는 '이주 수요'는 고려하지 않은 계산법이니 재개발·재건축 같은 도시재정비사업이 활발한 지역에서는 이 부분을 수요량을 산정할 때 따로 생각할 필요가 있다.

부산을 예로 들면 2018년 5월 기준 부산의 주민등록상 총인구수는 345만 8,134명이다. 여기에 0.05%를 곱해보자.

$$3,458,134 \times 0.05\% = 17,291$$

부산의 연간 적정 아파트 수요는 1만 7,291세대다. 따라서 부산에는 한 해에 아파트가 1만 7,300여 세대 공급되면 적정량이 공급된다고 볼 수 있다.

수요량은 인구수 또는 세대수가 기준이 되므로 급격히 변하는 수치는 아니어서 지속적으로 공부하고 연구할 필요까지는 없다. 다만 지역별로 대략적인 인구수를 알고 그에 따른 적정 수요량을 알면 각 지역의 규모를 파악하는 데 도움이 된다. 인터넷에서 지역별 인구수는 쉽게 찾을 수 있으니 자신이 살고 있는 지역의 적정 수요량을 직접 계산해보자.

아파트 가격의
핵심 공급물량

다음은 가장 중요한 공급 부분이다. 아파트에서 공급이라고 하면 입주하는 아파트를 말한다. 입주 시점이 되면 해당 입주 아파트를 임대하려는 사람, 기존에 살던 아파트를 팔거나 임대를 주고 새 아파트에 입주하려는 사람들로 매매·전세·월세 물량이 한꺼번에 나오게 된다. 즉 갑자기 공급량이 많아져 인근 아파트 가격에 영향을 미치게 되는 것이다. 따라서 향후 입주하는 아파트의 '입주 물량'에 대해 반드시 공부해야 한다.

우리나라는 선분양제를 시행하기 때문에 건설사에서 아파트를 시공하기 전에 분양 공고를 먼저 하게 되는데, 분양 공고에서 지어질 아파트의 가격, 위치, 세대수, 입주 시기를 미리 알 수 있다.

아파트를 짓는 데 보통 30~36개월 걸린다. 즉 현재부터 30~36개월 뒤까지 입주할 아파트에 대한 파악이 가능하다는 것이다.

요즘 입주물량에 대한 정보를 무료로 제공하는 사이트나 커뮤니티들이 있다. 하지만 나는 직접 주기적으로 입주물량 데이터를 조사한다. 다음에 나오는 데이터들은 '네이버 부동산'에서 제공하는 아파트 단지별 분양 정보를 하나하나 정리해 편집한 자료들이다. 직접 조사한 자료를 바탕으로 그래프를 그려보고, 여러 가지 방법으로 편집도 해보면 더 많이 공부된다. 공급량(입주물량)에 대해 본격적으로 살펴보자.

다음은 '전국 연도별 입주 예정 물량'을 정리한 표다. 오른쪽에는 '인구수×0.05%' 계산법을 이용해 연간 필요한 적정 입주물량을 표시했다. 적정 수요량은 앞서 말한 것처럼 도시재정비사업으로 이주 철거 수요는 반영하지 않았다. 특히 서울의 경우 경기, 인천 수도권 같은 생활권이고 항상 서울로 들어가려는 수요가 많으니 인구수 대비 적정 수요량보다 조금 더 많은 수요가 있다고 생각하면 된다.

2021년 입주물량은 추후 새로 분양하는 아파트들이 추가될 수 있으니 참고만 하자. 2018년에 경기도 지역 최대 공급 폭탄이라는 뉴스를 본 사람도 있을 것이다. 이 표를 보면 경기도의 연간 적정 입주물량은 6만 5천 세대 정도인데, 2018년에 무려 19만 세대가량 입주하니 '공급 폭탄'이라는 뉴스가 나온 것이다. 그리

전국 연도별 입주 예정 물량

(2018. 11. 기준)

구분	2018	2019	2020	2021	적정량
서울	48,176	48,784	41,843	8,708	48,870
경기	191,571	156,283	108,775	48,442	65,305
인천	26,521	22,755	22,027	10,861	14,769
부산	26,321	27,229	24,444	15,815	17,223
울산	9,997	8,122	2,395	405	5,781
경남	40,057	33,995	12,226	3,247	16,875
대구	13,464	10,228	13,722	7,525	12,320
경북	24,919	15,704	8,799	5,988	13,385
대전	7,121	6,043	5,572	1,911	7,459
세종	13,802	8,893	4,122	3,761	1,561
광주	7,026	11,664	8,656	2,551	7,305
전남	9,638	7,210	8,062	2,291	9,408
전북	13,180	11,006	12,862	1,287	9,190
충남	30,981	9,812	7,420	3,483	10,627
충북	19,755	12,324	6,255	3,025	7,991
강원	17,078	16,443	11,927	3,022	7,718

출처: 네이버 부동산

고 경남, 경북, 충남, 충북까지 지방 소도시 위주로 적정 입주물량 대비 2018년도 공급량이 많은 지역의 아파트 가격이 고전을 하고 있다.

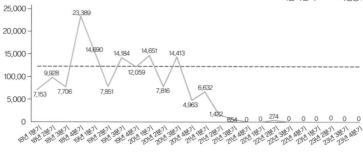

: 분기별 서울특별시 입주물량 추이 :

이렇게 연도별 입주물량을 보고 지역별로 가격이 오를 확률이 높은지, 떨어질 확률이 높은지 향후 흐름에 대해 대략적인 큰 그림을 그려볼 수 있다. 자신이 살고 있는 지역부터 살펴보면서 조금씩 공부해보자.

위 그림은 서울시 입주물량인데, 2018년 1분기부터 2023년 4분기까지 분기별 입주물량을 이해하기 쉽게 그래프로 나타냈다. 회색 점선이 적정 입주물량이고, 빨간색 꺾은선이 실제 입주하는 물량이다.

2018년 4분기 외에는 입주물량이 적정량이거나 적정량에 미치지 못하는데, 서울의 특성을 고려하면 다소 부족하다고 생각할 수 있다. 많은 전문가가 서울의 아파트 가격을 앞으로도 긍정적으로 보는 가장 큰 이유다. 서울, 특히 강남 위주로 아파트 가격이 많이 상승했기 때문에 가격 측면에서 부담은 있지만 공급량만 따지면

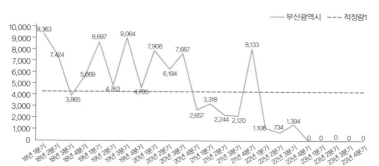

아파트 가격을 긍정적으로 볼 수 있다는 얘기다.

위 그래프에는 부산시 입주 예정 물량을 나타냈다. 2018년 1, 2분기에 입주물량이 많다가 3분기에 잠시 소강상태이고, 4분기부터 다시 많아진다. 얼핏 봐도 2020년 3분기까지는 적정량에 비해 실제 입주물량이 지속적으로 많은 것을 확인할 수 있다.

뒤에서 가격 흐름을 살펴보겠지만 부산은 실제로 계속 가파른 상승세를 보이다가 2017년 10월 이후 그동안의 과도한 상승과 공급 과잉으로 가격 조정을 받고 있다. 위 그래프에서 향후 부산 아파트 가격을 대략 예측한다면 입주물량이 지속적으로 많은 2020년 상반기까지는 아파트 가격이 계속 고전할 확률이 높다고 볼 수 있다.

나는 부산에 투자한 물건을 2017년 매도했는데, 당시 식어가는 시장 분위기와 함께 그 뒤로 늘어날 '입주물량' 데이터를 보고 과

: 부산 연도별 입주물량 :

부산광역시	임대	소형	중소형	중형	중대형	대형	합계	적정량
2018	673	1,583	4,078	17,115	2,235	637	26,321	17,223
2019	1,081	1,946	5,203	16,658	779	1,562	27,229	17,223
2020	249	1,895	3,403	16,185	2,689	23	24,444	17,223
2021	1,773	2,407	2,537	8,795	303	0	15,815	17,223
2022	0	681	324	2,222	7	0	3,234	17,223
2023	0	0	99	1,341	90	0	1,530	17,223

감히 가격을 낮춰 결정한 것이다. 만약 향후 입주물량이 많지 않았다면 분위기가 다시 살아나길 기대하고 매도 시기를 늦출 수 있었겠지만 부산의 공급물량 그래프에서 지속적인 과잉 공급을 확인하고 힘들게 매도했다. 해당 아파트는 현재 내가 매도했던 가격보다 3천만 원가량 낮게 매물이 나와 있다. 이처럼 입주물량은 아파트 가격에 상당한 영향을 미친다.

위 표는 부산의 입주물량 데이터를 연도별·면적별로 세분해 정리한 자료다. 면적별로 소형, 중소형, 중형, 중대형, 대형으로 구분했다. 이렇게 면적별로 구분하는 이유는 앞서 '무조건 역세권 소형 아파트에 투자하라고?'에서 얘기했듯이 소형 아파트와 대형 아파트의 수요층이 다르고, 가격 변화 또한 다른 모습을 보일 수 있기 때문이다.

소형을 선호하는 사람도 항상 있고, 대형을 선호하는 사람도 항상 있다. 특정 지역에 연간 입주물량이 부족한 편인데, 면적별로 세분화하니 대형 아파트는 물량이 적정하고 소형 아파트는 물량이 현저하게 부족하다면 소형 아파트 위주로 가격이 상승할 확률이 높을 것이다. 이렇게 입주물량을 세분화해 공부하다보면 수익률을 극대화하고, 성공적인 투자를 할 확률을 더 높일 수 있다.

투자할 때 입주물량이 많은 지역만 피해도 투자의 반은 성공한 것이다. 그만큼 아파트투자에서 입주물량이 핵심 부분이다. 투자하고자 하는 지역이 있다면 반드시 입주물량을 먼저 조사해보자. 그래야 수요와 공급이라는 기본원칙에서 이기고 시작할 수 있다. 우리는 힘들게 모은 돈을 불려 자수성가해야 한다. 따라서 잃지 않는 투자를 해야 한다.

입주물량 체크!

✓ 가격 형성의 핵심은 수요와 공급이다.
✓ 수요=인구수×0.05%
✓ 입주물량이 많은 곳만 피해도 반은 성공한다.
✓ 연도별·분기별·면적별로 세분화해서 보자.

아파트 가격의
큰 흐름을 보자

아파트투자에서 가장 중요한 것은 가격의 '흐름'이다.
가격 흐름 4단계 사이클을 통해 아파트 가격의 '숲'을 보자.

아파트 가격의 흐름을 알아보기 전에 아파트 매매 가격과 전세 가격의 의미를 먼저 생각해보자. 아파트 시장 상황이 어떻든 간에 현재 형성되어 있는 시장 가격에서 아파트를 매입할지, 아니면 전세로 들어갈지는 수요자가 선택할 사항이다. 하지만 매입을 선택하는 사람과 전세를 선택하는 사람의 심리는 조금 차이가 있다.

매입에 각종 비용이 들어가는데도 매입을 선택하는 사람들은 당연히 나중에 가격이 오르기를 기대할 것이다. 따라서 매매 가격은 '미래 가치'를 포함한다고 할 수 있다. 반면 전세를 선택하는 사람들은 전세보증금을 다시 돌려받기 때문에 매매 가격 등락은 의미가 없으며 오로지 자신의 자금 안에서 살고 싶은 동네, 살고 싶은 아파트를 선택해 들어가는 것일 뿐이다. 즉 전세로 들어가는 사람들은 모두 실수요자일 수밖에 없고, 그로써 전세 가격은 거품이 형성될 수 없으며 오로지 수요와 공급에 따라 형성되는 시장 가격이다.

따라서 전세 가격은 미래의 가격 변동과 상관없는 '현재 가치' 또는 '사용 가치'라고 표현할 수 있다. 이는 매매 가격이 상승할 때 실수요자인 전세 수요자들 때문에 전세 가격이 함께 상승하면 그만큼 거품이 적고 수요가 탄탄한 시기라는 것을 의미하기도 한다.

아파트 가격의
4단계 사이클

이제 본격적으로 아파트 가격의 큰 흐름을 살펴보자.

다음 그림은 나의 멘토인 '부동산차트연구소' 안동건 대표님의 자료를 활용한 것이다. 아파트 가격의 큰 흐름을 파악하는 데 아주 좋은 그래프다. 아파트 가격은 ①~④까지 일정한 순서로 흐름이 이어지는데 ①번부터 차례로 보자.

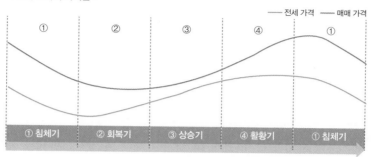

: 아파트 가격 사이클 :

출처: 부동산차트연구소

① 침체기

침체기는 매매 가격과 전세 가격이 동반 하락하는 시기다. 과도한 매매 가격 상승에 따른 피로감과 매매 가격이 오르는 분위기를 틈 타 건설사들이 분양했던 수많은 아파트에 입주가 시작되면서 수급의 균형이 무너지고, 사람들의 심리마저 꺾이는 시기다. 사람들은 "이제 아파트로 돈 버는 시대는 끝났다"라는 말을 하기도 한다. 이 시기에는 거래마저 잘되지 않아 가격을 많이 낮추지 않는 이상 매도나 임대를 하기가 쉽지 않다.

② 회복기

회복기는 매매 가격은 하락 내지 보합(유지), 전세 가격은 상승하기 시작하는 시기다. 과잉 공급되었던 입주물량들이 조금씩 정리되면서 수급의 균형을 찾아가지만 침체기 동안 아파트 가격이 내리는 것을 경험했던 사람들의 심리는 살아나지 못해 매매보다 전세를 선호하게 된다. 따라서 이 시기에 매매 가격은 하락세를 줄여가며 바닥을 잡아가고, 전세 가격만 조금씩 차오르게 된다. 전세 입자인 실수요자 위주의 전세시장이다.

회복기 ▶ 매매(↓, →), 전세(↑)
　　　 ▶ 수요·공급 균형 잡기
　　　 ▶ 투자 수요 ×, 전세 실수요 ○
　　　 ▶ 건설사 분양 ×

③ 상승기

상승기는 매매 가격과 전세 가격이 동반 상승하는 시기다. 회복기에 매매 가격은 오르지 못하고 전세 가격만 차오르면서 매매 가격과 전세 가격의 격차가 좁혀지자 투자자들이 진입하기 시작한다. 따라서 매매 가격이 상승하고 실수요자들은 아직까지 전세를 선호해 전세 가격 또한 상승하며, 결국 전세 가격이 매매 가격을 밀어올려 동반 상승한다. 입주물량이 적정하거나 부족한 시기다.

> 상승기 ▶ 매매(↑), 전세(↑)
>
> ▶ 수요>공급
>
> ▶ 투자 수요>매매, 실수요>전세
>
> ▶ 건설사 분양 ↑

④ 활황기

활황기는 매매 가격은 급격히 상승하고, 전세 가격은 큰 변화 없이 보합세를 유지하는 시기다. 앞의 상승기에 투자자들이 진입하면서 매매 가격이 상승하기 시작하며, 이를 실감하지 못하고 전세만 선호하던 실수요자들마저 매매로 돌아섬으로써 투자자뿐만 아니라 실수요자까지 모두 매매로 합세하는 구간이다. 따라서 매매 가격은 급격히 상승하고, 전세 가격은 남아 있던 일부 실수요자들이 받쳐주지만 그 수요가 급격히 줄어 상승에 이르지는 못한다. 아직까지 입주물량이 많은 시기는 아니다.

> 활황기 ▶ 매매(↑), 전세(→)
>
> ▶ 수요>공급
>
> ▶ 투자 수요>매매, 실수요>매매
>
> ▶ 건설사 분양 ↑

가격 사이클을 이용해
'숲'을 보라

'① 침체기, ② 회복기, ③ 상승기, ④ 활황기', 이렇게 4단계 사이 클을 거친 뒤 다시 침체기로 접어들어 같은 순서로 반복된다. 이 렇듯 아파트 가격은 공급량에 따라 투자자와 실수요자들의 심리 에 영향을 미치게 되고, 그에 따라 매매 가격과 전세 가격이 일정 한 순서대로 흘러가게 된다.

이는 가격이 움직이는 기본 원리인데, 아파트를 공급하는 건설 사 처지에서 생각해보면 이해하기가 훨씬 쉽다. 국민들이 가장 선 호하는 주거 형태는 아파트이고, 건설사는 이 아파트를 지어서 팔 고 수익을 남긴다. 건설사는 당연히 수익을 남겨야 하므로 분양이 잘되는 시기에 맞춰 분양할 텐데, 그 시기는 사람들의 매수 심리 가 살아 있는 부동산 상승기, 활황기일 것이다. 이때 분양된 아파 트들이 30~36개월 뒤 입주하기 시작하면 공급이 과도하게 많아 지면서 자연스레 가격이 하락한다. 그러면 하락하는 시장에 건설 사가 새로운 아파트를 분양할 리 없다. 하락기에 건설사에서 분양 을 하지 않은 탓에 입주물량이 소화되고 나면 자연스레 다시 공급 이 부족해지고 가격이 오르기 시작한다.

이러한 흐름의 각 구간은 그 기간이 일정하지 않고, 지역마다 모 두 다르다. 하지만 지역별로 해당 지역이 현재 침체기, 회복기, 상승기, 활황기 중 어느 시기에 있는지 파악되면 그 지역에 대한 투자 포지션을 정하는 데 큰 도움이 되고, 아파트 가격의 큰 흐름을 읽음으로써 시장을 이해하는 데도 도움이 많이 된다.

실제로 서울의 경우 2013년까지 침체기를 겪다가 그해 하반기부터 전세 가격이 오르기 시작하면서 회복기를 거치고, 2015년부터 상승기를 맞이해 매매 가격과 전세 가격이 같이 상승했고, 현재는 매매 가격 위주로 상승하는 활황기를 지나고 있다.

나무만 보지 말고 숲을 볼 줄 알아야 기회를 잡을 수 있고, 위기를 피해 갈 수 있다. 큰 흐름을 보지 못하고 내가 살고 있는 동네, 내가 잘 아는 동네만 투자 대상으로 생각하면 투자하기에 훨씬 좋은 시기에 있는 지역을 놓치게 되고, 내가 살고 있는 동네가 침체기에 들어섰다는 사실을 놓치기 쉽다. 지속적으로 투자 성공률을 높이려면 아파트시장의 숲을 보려는 노력이 반드시 필요하다.

KB부동산, 한국감정원 통계로
현재 흐름 파악하기

주기적으로 발표되는 통계자료를 통해
지역별 현재 흐름을 파악해야 한다.

이번에는 아파트에 대해 전문조사 기관
이 발표하는 통계를 직접 볼 텐데, 아파트투자에서 반드시 필요한
내용이다. 잘 익히면 초보자에서 크게 한 걸음 성장할 수 있는 내
용이니 차근차근 따라 하며 집중해보자.

우리나라에는 KB부동산과 한국감정원이라는 두 기관에서 매
주 아파트에 대한 통계를 발표한다. 두 기관 모두 공신력이 있으
며, 2012년까지는 KB부동산에서 조사한 통계를 정부에서 공식
통계로 사용했으나 2013년 1월 이후로는 한국감정원 자료를 정
부 공식 통계로 사용한다. 정부의 공식 자료 사용 여부보다 실제

시장 상황에 얼마나 민감하게 반응하는지가 통계를 활용할 때 더 중요하다.

누구나 할 수 있는
통계자료 직접 분석하기

두 기관 모두 비슷한 내용을 조사하지만 조사 대상 아파트, 조사 방법, 조사 기준 등이 달라 어느 쪽이 먼저 더 민감하게 반응할 때가 있으므로 두 기관의 자료를 모두 참고할 필요가 있다. 다만 두 기관의 조사 목적은 같기 때문에 장기간 통계를 보면 방향은 비슷하다.

두 기관의 자료는 통계수치가 조금씩 다를 뿐 의미하는 내용과 보는 방법은 비슷하다. 따라서 KB부동산 자료를 위주로 기본적인 차트 보는 법을 설명하겠다. 여건이 되는 사람들은 책을 보면서 컴퓨터를 켜고 따라 해보면 더욱 좋다.

1. 한국감정원 부동산 통계정보시스템(r-one.co.kr)

한국감정원은 홈페이지 주소를 검색창에 넣거나 '부동산통계정보시스템'이라고 검색하면 사이트를 찾을 수 있다.

사이트 메인화면에서 위의 그림과 같은 순서로 들어간 뒤 '공지' 등록되어 있는 '시계열통계표'(어떤 통계를 일정한 시간 간격으로 나열하는 것)' 자료를 다운받아 보면 된다.

2. KB부동산(nland.kbstar.com)

KB부동산도 홈페이지 주소를 입력하거나 포털사이트에 KB부동산이라고 검색해서 사이트에 들어가면 화면 상단에 위 그림과 같은 메뉴가 나온다. '뉴스/자료실→주간 KB주택시장동향' 순서로 게시판에 들어가면 1주일 단위로 통계자료가 게시되어 있다. 주간 통계자료는 매주 월요일을 기준으로 조사해 금요일에 게시된다. 따라서 흐름을 놓치지 않으려면 매주 금요일에 챙겨보는 습관을 들이는 것이 좋다.

게시물에 들어가면 세 파일이 첨부되어 있는데 '시계열'이라고 되어 있는 파일을 다운받아 보면 된다. 다른 파일도 참고하면 시장을 익히는 데 도움이 되지만 핵심은 시계열 자료다. 참고로 KB부동산의 주간 동향 자료는 현지 공인중개사 소장님들이 매주 직접 지역 동향을 입력한 수치를 KB부동산에서 취합해 통계로 만든 것이므로 현지 분위기를 잘 담고 있다.

자료에는 공부해야 할 내용이 많다. 그 중에서 가장 핵심인 가격 상승률, 사람들의 심리, 거래량, 이 3가지 시트는 중요한 내용이니 주의 깊게 보자.

① 다운받은 파일을 열면 메인 화면이 나온다. 화면 아래를 보면 요약, 매매증감, 전세증감 등 시트가 많은데 첫 번째 '요약' 시트 화면을 본다. 시계열 자료는 '구'단위까지 데이터가 제공되는데 메인 화면인 '요약' 시트는 1주일간 전국에서 매매 가격, 전세 가격이 각각 가장 많이 상승·하락한 전국 톱 10 지역을 보여준다.

▶ 본격적으로 차트를 보기 전에 '요약' 시트를 보며 전국에서 매매 가격 상승을 이끌고 있는 주요 도시와 전세 가격이 차오르는 주요 도시를 대략 파악하면 좋다.

아파트 매매 가격 증감률 Changing Rate of Apartment Purchase Price

구분	전국	서울	강북	강북구	광진구	노원구	도봉구	동대문구	마포구	서대문구	성동구	성북구
6/18	0.00	0.08	0.07	0.01	0.06	0.05	0.03	0.02	0.15	0.20	0.01	0.08
6/25	0.01	0.08	0.09	0.06	0.06	0.05	0.04	0.14	0.18	0.11	0.07	0.16
7/2	0.01	0.10	0.13	0.10	0.02	0.07	0.13	0.20	0.19	0.24	0.08	0.21
7/9	0.01	0.13	0.14	0.00	0.07	0.17	0.01	0.13	0.16	0.09	0.06	0.25
7/16	0.00	0.13	0.13	0.01	0.12	0.05	0.16	0.18	0.31	0.22	0.00	0.21
7/23	0.03	0.20	0.17	0.13	0.07	0.21	0.11	0.17	0.26	0.15	0.16	0.17

② '매매증감' 시트다. 지역별 아파트의 1주일 전 대비 평균 가격 상승률을 의미한다. 실질적인 '가격'에 대한 부분으로 이번 주는 어디가 얼마나 올랐는지, 어디가 계속 오르는지 가격 흐름을 파악하는 중요한 데이터다. 상승률이 높을수록 화면의 색이 짙게 표시되어 있다. 모든 것은 가격이 증명한다. 가격 증감률이 가장 중요한 부분이니 반드시 챙겨보자.

▶ 도시별로 나눠 큰 흐름을 보는 연습을 하자.

매수자/매도자 동향 Trends on the Sell / Buy Activities by Region   심리지수

	전국(Total)			서울(Seoul)			강북(Northern Seoul)			강남(Southen Seoul)			6개광역시(6 Large Cities)		
	매도자 많음	매수자 많음	매수 우위 지수	매도자 많음	매수자 많음	매수 우위 지수	매도자 많음	매수자 많음	매수 우위 지수	매도자 많음	매수자 많음	매수 우위 지수	매도자 많음	매수자 많음	매수 우위 지수
6/18	63.3	2.7	39.5	28.9	8.6	79.8	28.9	8.3	79.4	28.8	9.0	80.2	71.7	1.8	30.1
6/25	64.1	3.1	39.0	28.9	9.2	80.3	28.0	9.5	81.5	30.0	8.8	78.8	70.3	3.3	33.0
7/2	63.5	3.1	39.6	30.4	8.4	78.0	30.6	7.9	77.2	30.1	9.1	79.0	69.4	3.9	34.5
7/9	63.2	4.7	41.5	29.5	11.5	82.0	27.4	10.2	82.9	31.9	12.9	81.0	68.0	6.9	38.9
7/16	62.7	4.6	41.9	26.2	13.7	87.5	24.5	12.2	87.8	28.2	15.4	87.2	67.5	5.5	38.0
7/23	59.7	6.0	46.3	20.6	15.2	94.7	17.0	13.2	96.2	24.8	17.7	92.9	64.5	7.6	43.0

③ '매수매도' 시트다. 그림에 보면 '심리지수'라고 표시해두었는데 말 그대로 사람들의 심리 상태를 나타낸다. 실제로 수치를 입력하는 현지 공인중개사들이 한 주 동안 아파트를 사려는 사람(매수자)과 팔려는 사람(매도자)이 몇 명 정도였는지 입력한 것을 통계로 수치화한 것이다. 심리지수 또한 아파트 가격에 영향을 미치는 중요한 요소 중 하나이므로 반드시 챙겨보자.

▶ '매수 우위 지수'는 '100+매수자 많음-매도자 많음'으로 계산한 수치다. 심리가 살아나기 시작하는 지역을 찾아야 하므로 '매수 우위 지수'와 '매수자 많음' 수치를 중점적으로 보는 것이 좋다.

: **매매거래 동향** Sensitivity on the Housing Transaction by Region :

	전국(Total)			서울(Seoul)			강북(Northern Seoul)			강남(Southen Seoul)			6개광역시(6 Large Cities)		
	활발함	한산함	매매거래지수	활발함	한산함	매매거래지수	활발함	한산함	매매거래지수	활발함	한산함	매매거래지수	활발함	한산함	매매거래지수
6/18	0.2	92.4	7.8	0.4	89.6	10.8	0.2	90.2	10.1	0.6	89.0	11.6	0.1	93.9	6.2
6/25	0.2	94.0	6.2	0.3	90.5	9.8	0.2	91.3	8.8	0.5	89.6	10.9	0.3	95.2	5.1
7/2	0.2	93.6	6.6	0.3	89.4	10.9	0.2	90.3	9.9	0.5	88.4	12.1	0.2	94.5	5.8
7/9	0.3	92.6	7.6	0.5	87.5	13.1	0.2	88.8	11.5	0.5	85.9	15.0	0.3	92.6	7.8
7/16	0.2	92.9	7.3	0.4	86.8	13.7	0.4	87.8	12.6	0.5	85.6	14.9	0.1	94.8	5.3
7/23	0.5	91.9	8.6	1.4	81.3	20.0	1.0	81.7	19.3	1.8	80.8	20.9	0.0	95.8	4.2

④ '매매거래' 시트다. 실제 거래가 얼마나 되는지를 지수로 나타낸 것이다. 아파트 가격이 오르기 시작하려면 매수자들의 심

리도 살아나야 하지만 심리 상승과 함께 실제 거래가 이루어져야 다음 물건들이 가격을 올려서 내놓게 되고, 이를 반복하면서 가격이 상승한다. 따라서 심리와 함께 매매거래 지수가 높아진다는 것은 활발한 거래와 함께 실제 가격이 오르고 있다는 것을 의미하므로, 사람들의 수요 심리가 높아지면서 '호가(부르는 가격)'만 상승하는 것이 아니라 실제 거래되는 수치인 매매거래 지수도 함께 증가하는 지역에 투자하는 것이 더욱 안정성이 높다고 할 수 있다.

▶ 매매거래 지수는 '100-한산함+활발함=매매거래 지수'로 계산한 것이다. 매수매도 시트의 심리와 함께 실제 거래도 활발한 곳을 찾아보자.

앞에서 가격 상승률, 심리, 거래량 모두 다 매매 기준으로 설명했지만 전세도 같은 방법으로 공부해야 한다. 자료 내에 다른 데이터들도 있지만 가장 핵심은 가격, 심리, 거래량, 이렇게 3가지다. 매수 심리, 거래량 수치가 높으면 아파트 가격도 계속 오를 확률이 높아진다.

실제 투자에
통계자료를 적용한 사례

아래 계약서는 내가 투자했던 서울 노원구의 한 아파트 매매계약서다. 2016년 8월 4일 4억 2천만 원에 매수계약을 했으며, 2년이 지난 2018년 8월에 매도했다.

다음 페이지의 표는 2016년 6월 27일부터 8월 29일까지 서울 노원구의 매매 증감, 심리, 거래량 통계를 편집해 합한 것이다. 심리와 거래량은 시도 단위까지만 제공되므로 노원구가 아닌 서울시의 데이터다. 당시 노원구는 매매 가격 증감률, 심리, 거래량까지 모두 높은 수치를 보이다가 잠깐 줄어드는 듯했지만 다시 상승을 계속해서 높은 수치를 기록하고 있었다. 상승기가 아닐 때는

: 아파트 매매 계약서 :

아파트 매매 계약서

아래 부동산에 대하여 매도인과 매수인은 합의하여 다음과 같이 매매계약을 체결한다.

1. 부동산의 표시

소 재 지	서울시 노원구					
토 지	지 목	대	대지권(비율)	6870.5/26,838	면 적	26,838㎡
건 물	구 조	철근콘크리트	용 도	공동주택	면 적	85,00㎡

2. 계약내용

제1조〔매매대금 및 지급시기〕　　① 매도인과 매수인은 매매대금 및 지불시기를 다음과 같이 약정한다.

매 매 대 금	一金 사억이천만	원整 (₩ 420,000,000 　　　　　　)

매매 증감	노원구 Nowon-gu	심리	서울 Seoul			거래량	서울 Seoul		
			매도자 많음	매수자 많음	매수우위 지수		활발함	힌신힘	매매거래 지수
6/27	0.11	6/27	18.8	28.7	109.9	6/27	4.2	61.0	43.2
7/4	0.10	7/4	18.0	24.7	106.6	7/4	4.1	63.5	40.6
7/11	0.13	7/11	16.0	27.0	111.0	7/11	3.7	63.6	40.1
7/18	0.16	7/18	18.1	25.6	107.5	7/18	3.3	66.1	37.1
7/25	0.10	7/25	16.7	24.3	107.6	7/25	2.5	68.0	34.5
8/1	0.02	8/1	17.4	21.0	103.6	8/1	1.7	74.4	27.3
8/8	0.09	8/8	15.9	24.9	109.0	8/8	1.9	68.2	33.7
8/15	0.08	8/15	13.9	30.9	117.0	8/15	2.8	69.2	33.6
8/22	0.10	8/22	13.8	28.9	115.0	8/22	2.5	61.9	40.6
8/29	0.14	8/29	13.4	33.9	120.5	8/29	3.6	60.9	42.8

: 아파트 매매 계약서 :

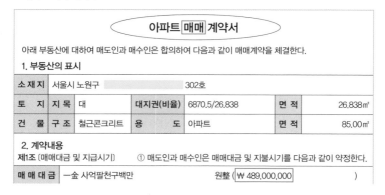

심리와 거래량은 한 자릿수, 매매 증감률은 노란 불이 들어오지 않는다. 그에 비하면 당시 상당히 높은 수치를 기록했으며 명백한

상승기였다.

그로부터 2년이 지난 뒤 앞의 아파트 매매 계약서에 보이는 가격으로 매도했다. 이 투자에서 나는 목표 수익률인 100% 이상의 수익률을 기록했다.

처음 통계를 보면 숫자도 많고 눈에 익지 않아 거부감이 들 수 있다. 하지만 주간 통계 자료에서 흐름을 파악하는 것은 필수이며 반드시 익혀야 한다. '입주물량'에서 보았던 입주물량에 따른 수요·공급과 현재 가격이 맞게 움직이는지 현재 흐름을 관찰하고, 그를 바탕으로 침체기·회복기·상승기·활황기 중 어느 곳에 해당하는지 파악하는 연습을 하면 큰 도움이 될 것이다.

아파트투자에 도움이 되는
각종 사이트

- 네이버부동산(land.naver.com)
  - 대표적인 부동산 매물 등록 사이트
- KB부동산 Live ON(nland.kbstar.com)
  - 주간·월간 동향 차트, 아파트 시세 등 아파트 관련 통계 제공
- 한국감정원 부동산통계정보(r-one.co.kr)
  - 주간·월간 동향 차트, 거래지수, 주택 공급 등 부동산 관련 통계 정보 제공
- KOSIS 국가통계포털(kosis.kr/index/index.do)
  - 우리나라 전반에 관한 통계 정보 제공
- 한국은행경제통계시스템(ecos.bok.or.kr/)
  - 우리나라 경제와 관련된 각종 통계 정보 제공
- 국토교통부 통계누리(stat.molit.go.kr)
  - 국토, 도시, 주택, 건설, 교통 등 국토교통에 관한 통계 정보 제공
- 국토교통부 실거래가 공개시스템(rt.molit.go.kr/)
  - 부동산 종류별, 기간별, 금액별 실제 거래 가격 정보 제공
- 부동산 114(r114.com)
  - 아파트 관련 각종 칼럼과 분양 정보 제공
- 호갱노노(hogangnono.com)
  - 평형대, 가격대 등 기준 설정에 따른 아파트 정보를 지도에서 확인 가능
- 조인스랜드(joinsland.joins.com)
  - 테마별 아파트 시세 정보, 뉴스 정보 제공 사이트
- 닥터아파트(drapt.com)
  - 테마별 아파트 검색, 리서치, 칼럼, 매물 정보 제공 사이트
- 학구도안내서비스(schoolzone.edumac.kr)
  - 학교별, 지역별로 학교 진학 범위를 확인할 수 있는 사이트
- 아파트투유(apt2you.com)
  - 주택청약 접수 사이트로 주택청약 관련 정보 제공
- 국가법령정보센터(law.go.kr)
  - 각종 법령 검색

미분양으로 보는 시장 분석

미분양 수치로 지역별 침체 여부를 파악할 수 있다.
'미분양'과 '준공 후 미분양'에 대해서 알아보자.

입주물량, KB부동산과 한국감정원의 통계에 이어 아파트시장 분석에 활용되는 보조지표 중 하나인 '미분양'에 대해 알아본다. 미분양은 말 그대로 건설사에서 아파트를 분양했으나 분양되지 않아 '미분양' 상태로 남아 있는 아파트 세대를 말한다.

미분양이 늘어나는지, 줄어드는지 추이를 보면 지역별 아파트시장 분위기를 파악하는 데 도움이 된다. 나는 이것이 특정 지역의 침체 여부를 파악하는 데 용이하다고 생각한다. 침체가 심해지고 있는지, 아니면 서서히 침체에서 벗어나고 있는지에 대한 보조

지표로 활용할 수 있으며, 침체에서 벗어나고 있다면 미리 관심을 가지고 공부해야 한다.

미분양 데이터를 어떻게 분석해야 하며, 미분양 데이터에 따라 실제로 어떤 가격 변화를 보여주는지 함께 살펴보자.

그래프로 보는
지역별 미분양 현황

다음은 국가통계포털에서 발표한 전국 아파트 미분양 통계 데이터로 2013년 6월부터 2018년 10월까지 약 5년간 대한민국의 중심인 서울, 5대 광역시 중 하나인 광주, 지방 도시인 경남 3개 지역의 미분양 수를 그래프로 나타냈다.

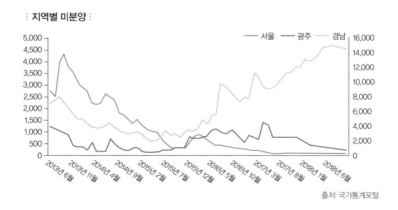

출처: 국가통계포털

먼저 서울을 살펴보자. 현재 미분양 수치가 거의 0에 가깝다. 서울의 그 많은 아파트 중 미분양 아파트는 실제 데이터상으로도 10월 기준 28가구에 불과하다. 서울은 현재 가격이 오르는 지역이고 아파트를 짓고 싶어도 땅이 없어서 못 짓는 곳이기 때문에 미분양 자체가 거의 없다. 미분양 추이만 보더라도 서울은 아직까지는 상승기라고 생각할 수 있다.

다음 광주를 보자. 2015년 하반기부터 10개월 정도, 2017년 상반기에 잠깐 미분양이 증가했으나 이후 줄어들고 있다. 광주는 미분양이 늘어났던 시기에 침체를 겪었을까? 뒤에서 더 살펴보자.

마지막으로 경남이다. 2015년 가을 이후 미분양 숫자가 급격히 증가하더니 걷잡을 수 없이 미분양 수치가 늘어났다. 그래프를 보면 최근 약간 횡보하지만 아직까지 줄어드는 추세는 아니며 여전히 높은 수치다. 경남 지역은 현재 지역 경기 악화와 과잉 공급으로 침체를 겪고 있으며, 미분양 추이에서도 그 분위기를 알 수 있다.

악성 미분양
(준공 후 미분양)

앞의 미분양 그래프에서 지역별로 침체 분위기를 엿보았다. 하지만 미분양 수치만으로 시장의 침체 여부를 확신하기에는 조금 부족하다. 그래서 한 가지 더 봐야 하는 것이 있다. 바로 '준공 후 미분양'이다. 이는 미분양 상태로 남아 있던 아파트가 긴 시공 기간을 거쳐 준공되었는데도 계속 미분양 상태로 남아 있는 것을 말한다. 다른 말로 '악성 미분양'이라고도 한다.

입지적 측면에서 큰 차이가 나지 않는다면 당연히 기존에 있던 구축아파트보다 신축아파트를 선호하게 마련이다. 그런데 준공되었는데도 미분양 상태로 남아 있다는 것은 아파트시장이 확실히 침체기여서 꺾여버린 심리 때문에 사람들이 분양받기를 꺼린다는 것이다.

미분양이 발생하는 이유에도 종류가 있다

그렇다면 왜 미분양과 준공 후 미분양 수치를 다 봐야 할까? 미분양이 발생하는 이유를 알면 그 답을 찾을 수 있다. 미분양이 발생하는 이유는 크게 3가지다.

미분양이 발생하는 첫 번째 이유는 비싸게 분양하는 경우다. 아파트를 외곽에 짓는데도 시내 중심지에 위치한 아파트보다 저렴하지 않거나 중심지라 하더라도 주변 시세에 비해 지나치게 비싸게 분양한다면 미분양이 발생할 수 있다. 이 경우 해당 지역이 상승기에 있다면 얘기가 달라진다. 지역 아파트 가격이 상승하면서 비싸 보였던 미분양 아파트가 적정 가격이 됨으로써 소화될 수 있기 때문이다.

두 번째 이유는 단기간에 과도하게 많이 분양하는 경우다. 한정되어 있는 청약 접수자(수요자)에 비해 과도하게 분양하면 미분양이 증가할 수 있다. 이 경우도 마찬가지로 해당 지역 사람들의 심리가 살아 있다면 단기간에 과잉 분양되었던 미분양 물량이 시간이 지나면서 점차 소화될 수 있다.

다시 말해 첫 번째와 두 번째 이유로 미분양이 발생하는 경우는 '일시적 미분양'이라는 것이다. 우리가 조심해야 할 미분양은 세 번째 이유로 발생하는 경우다.

마지막 세 번째 이유는 침체 지역에 지속적으로 분양하는 경우다. 앞서 2장 '아파트투자의 종류'에서 분양권은 사람들의 심리가 미치는 영향이 크다고 했다. 그럴 수밖에 없다. 분양권은 아직 살림을 꾸리고 살 수 있는 집이 아니다. 따라서 분양권에는 실수요자인 전월세 임차인이 있을 수 없다. 물론 분양받은 사람들 중에는 완공되면 들어가서 살려는 실수요 목적인 사람들도 있지만 그 사람들 또한 모두 가격 상승, 즉 미래 가치를 기대한다. 따라서 지역 분위기가 침체되어 적정량을 적정 가격에 분양하는데도 미래에 가격이 오를 것이라는 기대 심리가 꺾인다면 분양권은 살아남기 힘들어진다. 그런 분위기 속에서 건설사가 계속 분양한다면 미분양이 발생할 확률이 높아진다.

첫 번째와 두 번째 이유에 속지 않으면서 세 번째 이유인 진짜
침체 지역을 찾고 정확하게 판단하려면 '준공 후 미분양'을 함께
관찰해야 한다. '미분양'이 먼저 발생한 다음 시공 기간을 거쳐 준
공되고 난 뒤에야 '준공 후 미분양'임을 알 수 있기 때문에 당연히
'미분양' 수치가 먼저 관찰된다. 따라서 '미분양' 추이로 대략적인
시장 분위기를 예상하고, '준공 후 미분양' 추이를 함께 관찰함으
로써 침체 여부를 좀더 정확하게 판단할 수 있다.

예를 들어 미분양이 증가하기 시작한 지역에 내가 투자한 물건
이 있다면 매도를 고민해볼 필요가 있고, 새로운 투자를 고민하는
지역에 미분양과 함께 준공 후 미분양이 증가한다면 투자 대상 지
역에서 제외하는 것이다.

서울, 경남, 광주의 '준공 후 미분양' 그래프를 보자.

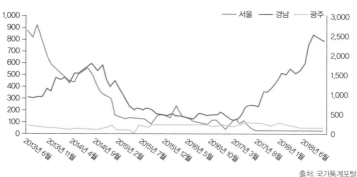

:지역별 준공 후 미분양:

출처: 국가통계포털

경남의 경우 '미분양'은 2015년 하반기부터 증가하기 시작했고, '준공 후 미분양'도 뒤이어 2017년 상반기부터 급속도로 증가하고 있다. 10월이 되어서야 약간 꺾인 모습이지만 9월까지도 급격히 증가했으며, 아직까지 경남은 침체에서 벗어나지 못하고 있다는 뜻이다.

광주의 경우 '미분양'은 중간중간 증가해 침체를 겪었을 것이라고 생각할 수도 있지만 '준공 후 미분양'을 보면 지속적으로 낮은 수치를 기록하고 있다. 광주는 미분양이 발생하는 첫 번째, 두 번째 이유 같이 '일시적 미분양'이 발생한 것으로 보인다. 다만 확연한 상승기였다기보다 보합 내지 강보합 상태였을 것이라고 생각해볼 수 있다.

미분양으로 본
침체 지역의 실제 가격 흐름

실제 사례를 보자. 미분양 수치상 확실한 침체기를 보여주는 경남에 투자했다면 어떻게 되었을까?

다음은 KB부동산에서 제공하는 경남 창원시의 79.3m²(24평) B아파트 시세 그래프다. 미분양이 증가하는 2015년 하반기 시세가 3억 원이었다. 현재는 시세가 1억 8천만 원 수준이며 실제 부

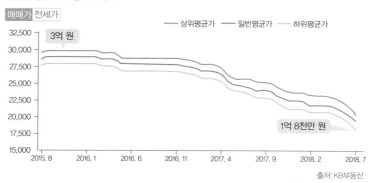

: 경남 창원시 24평 B아파트 :

매매가 전세가

상위평균가 일반평균가 하위평균가

3억 원

1억 8천만 원

출처: KB부동산

동산에 매물로 나와 있는 물건 또한 1억 8천만 원이지만 가격을 더 낮춰도 거래 자체가 힘들 것이다. 시세가 무려 40%나 하락했다. 만약 내가 투자한 아파트라면? 생각만 해도 끔찍하다. 물론 최악의 상황을 사례로 들었지만 당신에게도 충분히 있을 수 있는 일이다.

미분양 수치는 처음에 말했듯이 여러 보조지표 중 하나일 뿐이다. 하지만 우리는 높은 수익률보다 중요한 잃지 않는 투자를 해야 한다. 따라서 입주물량, 주간 동향, 시세와 함께 미분양, 준공 후 미분양 수치도 참고해 위와 같은 끔찍한 투자 결과를 피해야 한다. 대상 지역이 침체되고 있는지, 침체기에서 벗어나 회복하고 있는지 반드시 파악하자.

✓ '미분양'으로 대략적인 침체 분위기를 예상할 수 있다.

✓ '준공 후 미분양'으로 침체 여부를 좀더 정확하게 알 수 있다.

✓ 일시적 미분양은 침체가 아니므로 2가지를 함께 봐야 한다.

✓ 미분양 ↑+준공 후 미분양→또는 ↓=불확실

✓ 미분양 ↑+준공 후 미분양 ↑=침체

✓ 미분양 ↓+준공 후 미분양 ↓=회복

발품보다
손품이 먼저다

발품 전에 손품을 통한 효율적 투자가 필요하다.
아파트 시세 파악에 필요한 손품 3가지를 살펴보자.

요즘은 정보화 시대다. 특히 이 책을 보는 20대, 30대 사회 초년생들은 대부분 컴퓨터 사용에 익숙할 것이다. 아파트는 모든 부동산 중 우리 삶과 가장 밀접하고, 수요와 거래가 많으며 그만큼 각종 통계, 데이터가 잘 만들어져 있다. 즉 인터넷으로 아파트에 관한 여러 가지 정보를 파악할 수 있다.

아파트 가격은 지역별로 흐름이 다르다고 했다. 상승하는 지역이 있고, 하락하는 지역이 있다. 우리는 상승하는 지역을 찾아서 투자해야 한다. 그렇다면 가격이 오르는 아파트를 찾기 위해 전국 곳곳을 직접 다니면서 확인해야 하는가? "현장에 답이 있다"는 말이 있다. 맞는 말이지만 전국을 다 돌아다니면서 오르는 아파트를 찾다보면 너무 많은 시간이 소요되어 가격이 오르기 시작하던 아파트는 내가 도착했을 때 이미 가격이 다 올랐을 것이다. 그만큼 비효율적이라는 말이다.

따라서 우리는 현장을 가보기 전에 인터넷에서 필요한 정보를 취합하는 '손품' 작업을 함으로써 가볼 만한 지역, 아파트를 좁혀 필요한 지역과 아파트 위주로 가야 한다. 즉 효율적으로 투자하기 위해 발품을 팔기 전에 손품을 파는 작업이 반드시 필요하다.

아파트 시세를 파악하는
손품 3가지

그렇다면 손품은 어떻게 팔아야 할까? 우리가 앞에서 보았던 입주물량, 주간 아파트 동향, 미분양 같은 통계에서 피해야 할 지역, 가볼 만한 지역을 정하는 것도 손품이다. 이렇게 지역에 대해 공부했다면 이번에는 아파트 단지에 대한 손품을 팔아야 한다. 반드시 필요하고 유용하게 활용할 수 있는 사이트들을 살펴보자.

1. 네이버 부동산(land.naver.com/)

대표적인 실제 매물 등록 사이트다. 몇몇 지방을 제외한 전국 대부분 지역은 네이버 부동산에 매물을 등록하기 때문에 지역별·아파트별로 실제 거래를 위해 나와 있는 물건들을 확인할 수 있다. 가장 많이 사용하는 사이트이므로 반드시 사용법에 익숙해지자.

네이버 부동산 사이트에 들어가 '매물'탭을 눌러보자. 그러면 다음과 같은 화면이 나온다.

네이버 부동산이 업데이트되면서 지도에서 다양한 정보를 유용하게 볼 수 있도록 바뀌었다. 그림에 표시된 ①부터 차례대로 보자.

①을 보면 아파트, 오피스텔, 빌라 등 부동산 종류를 선택할 수

있다. 아파트를 선택하면 아파트 중에서도 기존 아파트, 분양권 등 원하는 것을 고르면 지도에 바로 반영되어 나타난다.

②를 보면 ①에서 선택한 부동산 종류의 매물을 거래방식(매매/전세/월세/단기임대), 가격대, 면적, 연식, 세대수 범위를 선택해 자신이 원하는 매물만 지도에 표시되도록 할 수 있다. 상세 매물검색 버튼을 누르면 조금 더 구체적으로 검색 요건을 설정할 수 있다.

③을 보면 화면에 표시되는 정보들을 선택할 수 있는데 중개사 위치, 학군, 편의시설 등을 설정할 수 있다.

그렇게 단지를 추려 강남구 개포동에 있는 개포주공1단지 아파트를 선택해보았다. 왼쪽 하단에 보면 개포주공1단지 아파트에

재건축	개포주공1단지 ☆
5040세대/1층 123동/1982.11./35.64㎡~61.57㎡	

최근 매매 실거래가   매매가 15억4,000~34억
21억5,000   전세가 ∨
2018년 11월, 3층 58.08㎡   ①

단지정보	시세/실거래가	학군정보	단지사진

매매 ∨	전체면적 ∨	전체동 ∨ ②

랭킹순 | 최신순 | 가격순 | 면적순   □ 동일매물 묶기

급매물 개포주공1단지 72동
매매 18억
재건축 50S/50㎡, 5/5층, 남향   33P
우리공인중개사사무소 | 한경부동산 제공
확인매물 19.01.08   ★

급매물 개포주공1단지 56동
매매 16억
재건축 35S/35㎡, 4/5층, 남향   25P
우리공인중개사사무소 | 한경부동산 제공
확인매물 19.01.08   ★

단지정보   시세/실거래가   학군정보   단지사진   동호수

단지정보

세대수	5040세대(총124동)	저/최고층	5층/5층
준공년월	1982.11.	세대당 주차대수	0.49대
용적률	72%	건폐율	15%
건설사	대한주택공사		
난방	개별난방, 도시가스		
관리사무소	02-575-5024		
주소	서울 강남구 개포동 660-1 도로명 서울시 강남구 개포로 310		
면적	35㎡, 41㎡, 45㎡, 49F㎡, 50B㎡, 50S㎡, 53㎡, 58㎡, 61㎡,		

현재 등록되어 있는 매물의 가격, 면적, 층, 동, 참고사항, 매물을 등록한 공인중개사가 표시되어 목록이 나오는데 이러한 매물 목록을 조금 더 효율적으로 보려면 ①과 ②를 참고하자.

①을 보면 해당 아파트의 단지 정보, 실거래 가격, 학군 정보, 단지 사진을 볼 수 있고, ②를 보면 아래 매물 목록을 거래 종류(매매/전세/월세/단기임대)별, 면적별, 날짜순, 가격순, 면적순으로 선택해 효율적으로 검색할 수 있다.

여러 가지 검색 조건을 설정해 검색하다보면 원하는 매물을 빠르고 효율적으로 검색할 수 있으니 실제로 꼭 해보길 바란다.

2. KB부동산 Live ON(nland.kbstar.com)

앞서 주간 아파트 동향 통계를 볼 때 이용했던 KB부동산 사이트다. KB부동산 사이트에서는 다양한 정보를 제공하므로 꼭 한 번 들어가보자. KB부동산에서 제공하는 가격 정보는 실제 매물 가격보다 해당 아파트가 과거에는 얼마였고 현재는 얼마가 되었는지 '시세' 흐름 변화를 파악하는 데 유용하다. 평균적인 시세 정보라서 실제 매물 가격과 조금 차이가 날 수 있으니 참고하자.

KB부동산 사이트에 들어가 먼저 '매물/시세'를 누르고 네이버 부동산 이용법에서와 같이 주소를 검색하거나 지도상에서 아파트 단지를 선택해보자.

| 단지정보 | 시세/실거래가 | 매물보기 | 학교정보 | 평면도 | 동호수 |

믿을 수 있는 KB시세

시세 갱신일: 2019.01.04 단위: 만 원

공급/전용 (㎡)	매매가			전세가			월세가	
	하위 평균가	일반 평균가	상위 평균가	하위 평균가	일반 평균가	상위 평균가	보증금	월세
156.67/144.2 ① ②	295,000	302,500	310,000	92,500	102,500	115,500	10,000	300 ~ 335
170.23/157.36	315,000	330,000	340,000	100,000	115,000	125,000	–	–
212.93/196.7	410,000	420,000	430,000	115,000	130,000	145,000	–	–

아파트 단지 이름까지 선택하면 다양한 정보가 나온다. 모두 유용한 정보지만 그 중에서 중요한 부분을 보자. 화면에서 시세/실거래가를 선택하면 위 그림과 같은 화면이 나올 것이다. ①을 보면 해당 아파트 면적별로 분류되어 있고, ②를 보면 하위 평균가, 일반 평균가, 상위 평균가라고 되어 있다.

KB부동산에서는 아파트 시세를 조사할 때 3가지로 분류하는데 상위 평균가는 같은 단지 내에서 로열층, 남향 같이 비교적 비싸게 거래되는 물건들의 평균값이고, 하위 평균가는 1층, 저층, 동향과 같이 비교적 저렴하게 거래되는 물건들의 평균값이며, 일반 평균가는 그밖에 일반적으로 거래되는 물건들의 평균

값이라고 생각하면 된다.

KB부동산의 시세가 중요한 이유가 한 가지 있다. 은행에서 아파트 담보 대출을 해줄 때 바로 KB부동산에서 제공하는 시세를 기준으로 대출 한도를 책정한다. 은행마다 기준이 조금씩 다르지만 보통 1층은 하위, 그외에는 일반 평균가를 기준으로 대출 한도를 책정한다.

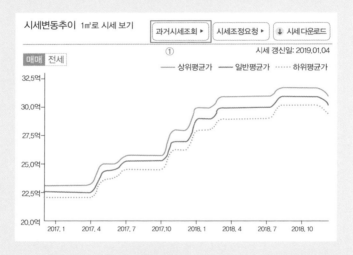

평균 시세를 숫자로 확인했다면 이번에는 그래프를 본다. 화면을 조금 더 내려보면 위와 같은 그래프가 나온다. ①의 '과거 시세조회' 버튼을 누르면 직접 기간을 설정해서 시세 변동을 확인할 수 있다. 위의 그림에 나와 있는 것과 같이 가장 위 선은 상위 평균가, 중간 선은 일반 평균가, 점선은 하위 평균가를 나타낸다.

아파트에 거주하는 사람이라면 본인 집을, 그렇지 않다면 주변에 있는 아파트부터 검색해보자. 이렇듯 아파트 시세 흐름을 파악하는 것은 기본적이지만 아주 중요한 부분이니 시세 변동 그래프와 반드시 친해지자.

3. 국토교통부 실거래가 공개 시스템(rt.molit.go.kr)

'국토교통부 실거래가 공개 시스템'은 국토부에서 운영하는 사이트로 실제 거래된 가격 정보를 제공한다. 부동산 거래를 하면 이를 중개한 공인중개사가 가격, 매수인, 매도인 인적 사항 등 거래에 필요한 정보를 계약일부터 60일 이내(국회에서 30일로 변경 추진 중)에 신고하게 되어 있다. 이를 국토교통부에서 취합해 자료로 제공한다.

사이트에 들어가 상단 메뉴 중 '아파트'를 누르고 왼쪽 검색창에서 주소를 검색하면 해당 아파트의 실거래 가격을 확인할 수 있다. 연도별, 면적별, 금액별로 확인이 가능하다. 실거래가 시스템에는 거래된 물건의 '층'까지 제공되므로 몇 층이 얼마에 거래되었는지 확인할 수 있다.

3가지 가격 정보를
모두 봐야 하는 이유

지금까지 네이버 부동산, KB부동산, 국토부 실거래가 공개 시스템을 통해 실제 아파트 단지 '가격'을 알아보았다. 이 3가지 가격 정보를 모두 확인해야 하는 이유는 각각의 가격이 상황에 따라 조금씩 다른 의미가 있기 때문이다.

아파트 시세 3가지

- 네이버 부동산: 실제 거래를 위해 나와 있는 물건들이므로 현재 시장 분위기에 가장 가까운 가격이다. 하지만 매도인이 부르는 가격인 '호가'도 반영되므로 상승장에서는 실제 거래가 성사되기 힘든, 가격이 높은 물건이 나오기도 한다.
- KB부동산: 가격 반영이 느린 편이고, 평균 가격이기 때문에 네이버 부동산, 실거래 가격과 차이가 있을 수 있지만 과거 최고 가격은 얼마였는지, 바닥 대비 얼마나 올랐는지 시세 흐름을 파악할 수 있는 유용한 가격 정보다.
- 국토부 실거래가: 실거래 신고 기한(최장 60일) 때문에 현 시장 상황을 반영하기까지 시간이 걸리지만 실제 거래된 가격이므로 신뢰도가 가장 높다.

한 가지 예를 들어보자. 아래는 침체기에 있는 창원의 한 아파트 시세 3가지를 나타낸 것이다. 네이버, KB부동산, 국토부 실거래가 순서로 2억 1천만 원, 2억 2,500만 원, 1억 9,500만 원이다. 이 아파트를 팔고 싶어하는 사람이 2억 1천만 원에 부동산에 내놓았으나(네이버) 최근 실거래 가격을 보면 1억 9,500만 원에 거래된 것을 알 수 있다. 따라서 2억 1천만 원에 거래하기는 힘들어 보이고 가격 조정을 꽤 해줘야 거래될 가능성이 생길 것이다. KB부동산에서는 떨어지는 아파트 가격을 전부 반영하지 못해 아직 하위 평균 가격이 2억 2,500만 원으로 되어 있다.

이렇게 가격별 특징이 다르므로 3가지 가격을 모두 참고해 내가 거래하려는 아파트가 가격이 너무 많이 오르지는 않았는지, 최근에는 얼마에 거래되었는지, 이 정도 가격이면 거래하기에 적정한

⋮ 아파트 시세 3가지 ⋮

| 매매 18.07.06 | 삼익 | | 179A/141 | 5동 | 저/11 | ↓ 21,000 ① | 삼익 공인중개… |
| 방4 욕실2 거실 주방 발코니 다용도실 올… | | | | | | 한국공인중개사협회 | 054-○○○-○○○○ |

공급/전용면적(m²)	매매가			
	하위평균가	일반평균가	상위평균가	
180.19/141.98	22,500	25,000	26,000 ②	

〉상세정보 − 삼익(54, 서성로 43)

매매　전월세

▶연도 2018년 ▼　▶면적 141.98m² ▼　▶금액 전체 ▼

・6월

전용면적(m²)	계약일	거래금액(만 원)	층	건축연도
141.98	21–30	19,500 ③	5	1979

① 네이버 ② KB 부동산 ③ 국토부 실거래가

가격인지 합리적으로 판단해야 한다. 현장을 가보기 전에 이러한 손품 과정을 거치는 것은 아파트투자를 효율적으로 하기 위해 필수적이다.

이제는 현장으로, 발품 파는 노하우

가장 확실하고 빠른 정보는 현장에 있다.
현장 발품에 꼭 필요한 꿀팁들을 소개한다.

부동산을 공부하다보면 '현장 임장'이
라는 말을 많이 쓴다. 직접 현장에 나가본다는 뜻이다. 손품을 해
서 가볼 만한 곳을 찾았다면 이제는 현장에 직접 가봐야 한다.

앞서 '손품보다 발품 먼저다'에서 우리는 전국의 아파트 흐름을
파악하고 투자 지역을 선별해야 하기 때문에 효율적으로 투자하
기 위해 발품을 팔기 전에 손품을 먼저 팔아야 한다고 했다. 이제
는 직접 집 밖으로 나가 발품을 팔 차례인데, 무작정 가서 아파트
를 보는 것이 아니라 발품도 효율적으로 팔아야 한다.

실제로 현장에서 임장하다보면 하루 종일 발품을 팔아도 생각

보다 많은 곳을 보지 못한다. 공인중개사 사무소 몇 곳을 들러 얘기하다 보면 시간이 훌쩍 지나고, 실제 물건을 보려고 해도 집주인이나 해당 집에서 살고 있는 세입자와 시간을 맞춰야 하기 때문이다. 따라서 미리 가볼 공인중개사 사무소를 선별할 필요가 있는데, 이를 선별하는 방법과 현장 임장이 반드시 필요한 이유, 구체적인 임장 요령에 대해 알아보자.

전화 임장,
용기 내서 실천해 보자

해당 동네에 무작정 가서 아무 부동산이나 들어가볼 수도 있다. 하지만 부동산 거래도 사람의 일이다. 이왕이면 대화가 잘 통하고 마음이 맞는 공인중개사와 얘기하는 것이 편하다.

앞서 네이버 부동산 사이트에서 매물 보는 법을 배웠다. 네이버 부동산에 등록되어 있는 물건 목록에는 해당 물건을 등록한 부동산 이름과 연락처도 같이 나와 있다. 따라서 현장에 가기 전에 물건 지역의 여러 부동산에 전화해서 해당 물건이 아직 있는지 혹은 다른 괜찮은 물건은 없는지 물어보고, 물건이 있거나 대화가 잘 통하는 몇몇 부동산을 선택해서 가보는 것이 좋다.

전화 임장은 평소에도 용이하게 사용할 수 있다. 모든 지역을 돌아다니며 공부하는 것은 비효율적이다. 그러니 꼭 투자하지 않더라도 전화 임장을 해서 관심 지역의 현재 분위기를 파악해보자.

처음에 부동산에 전화하려고 하면 부담스러울 수 있고, 간혹 전화를 살갑게 받지 않는 공인중개사들도 있다. 하지만 그분들은 그런 전화를 자주 받으므로 크게 신경 쓰지 않는다. 부동산에서 퉁명스럽게 전화를 받으면 어떤가? 다른 곳에 다시 전화해보면 된다. 분위기를 파악하는 것이 목적이고, 전화하다보면 친절하게 설명해주는 분들도 있으니 용기 내서 전화 임장을 실천해보자.

현장에 반드시
가야 하는 이유

현장에 가보기 전 손품을 팔면서 네이버, 다음 등의 지도 사이트에서 위치를 먼저 살펴보는 것이 좋다. 지도로 살펴보더라도 현장에 직접 가봐야 확인이 가능한 것들이 있다. 경사가 있는지, 경사가 있다면 얼마나 경사져 있는지, 지하주차장과 바로 연결되어 있는지, 실제로 걸어서 지하철역까지는 얼마나 걸리는지, 도로 소음이 심하지는 않은지, 조망을 가리지는 않는지 같은 것들이다.

이런 것들은 현장에 직접 가보지 않으면 확인할 수 없는 것들이다. 현장에서 자세히 살펴보지 않았다가 이러한 변수들 때문에 예상과 다르게 가격이 덜 오르거나 전세 수요에 제약이 생기면 스트레스가 된다. 따라서 현장은 반드시 가보는 것이 좋고, 임장 당시에 최대한 세세하게 살펴보는 것이 좋다.

전화 임장을 할 때 부동산에 전화해보면 "시간 날 때 와서 한번 보세요"라고 하는 소장님들이 많다. 전화만으로도 많은 것을 이야기해주는 분들도 있지만 얼굴도 보지 않은 채 전화로만 이것저것 물어보면 다른 부동산은 아닌지, 거래도 하지 않을 거면서 물어만 보는 것은 아닌지 알 수 없기 때문에 경계하게 된다. 그러면 내가 얻고자 하는 정보를 모두 얻기 힘들어진다.

가끔 정말 싸게 나오는 급매나 좋은 물건은 소장님들이 공인중개사 전산망이나 네이버 부동산에 물건으로 등록하지 않고 단독으로 가지고 있는 경우도 있는데, 그런 물건들은 현장에 직접 가지 않는 이상 발견하기 어렵다. 그렇기 때문에 거래까지 이어지지 않더라도 반드시 현장에 가서 직접 확인해야 한다.

꼭 알아야 할
임장할 때의 팁

소장님들에게는 조금 죄송하지만 부동산에 여러 가지 콘셉트로 가보는 것이 좋다. 집을 팔려는 콘셉트, 집을 사려는 콘셉트, 전셋집을 구하는 콘셉트, 임차인을 구하는 콘셉트, 투자자 콘셉트 등 다양한 콘셉트로 부동산에 가보면 조금 더 정확한 시세를 파악할 수 있다.

부동산 소장님들로서도 거래를 성사시켜야 수수료를 통한 수입이 발생하기 때문에 가끔 투자자에게는 높은 가격에 전세가 가능하다고 하기도 하고, 전셋집을 구하려는 사람에게는 비교적 싼 가격에도 구할 수 있다고 하는 등 요구 사항에 따라 가격을 다르게 설명해주는 분들도 있으므로 시세를 파악하는 데 오차가 발생할 수 있다. 또 투자자를 이해하고 협조해주는 소장님도 있지만 개인에 따라 업무 스타일이 모두 다르기 때문에 다양한 콘셉트로 접근해보는 것이 좋다. 시세 파악, 수요 파악에 좀더 도움이 된다.

체크리스트를 활용한
실제 아파트 둘러보기

이렇게 임장을 해서 적정 가격의 물건을 찾았다면 이제 실제로 집을 살펴보아야 한다. 단지마다는 물론 단지 안에서도 층, 방향, 집 상태에 따라 가격이 모두 다르기 때문에 꼼꼼히 봐야 하는데, 1~2개 정도 집만 본다면 대충 기억이 남겠지만 개수가 많아지면 집마다 특징을 기억하기가 어렵다. 따라서 다음과 같은 리스트 양

순서	아파트명	동,호수	평형	매매가격	예상전세	수리상태						비고					
						도배	바닥	싱크대	신발장	욕실1	욕실2	타일	섀시	조명	페인트	확장	결로 등 문제점, 세입자 여부, 조건 등
1																	
2																	
3																	
4																	
5																	
6																	
7																	
8																	
9																	
10																	

식을 챙겨 가면 좋다.

물건 임장 체크리스트를 활용해 물건별로 간단하게 체크만 해놓아도 기억에 잘 남을 것이다. 체크리스트와 함께 남겨놓으면 효과가 배가되는 것이 있다. 바로 '사진'이다. 동네를 임장할 때도 그렇고 물건 내부를 살펴볼 때도 "혼자 결정하기 좀 그래서 아내한테 보여주려는데 사진 좀 찍어도 될까요?"라고 하는 등 거주자에게 양해를 구하고 사진을 찍어 남겨놓는 것이 좋다. 나중에 사진과 체크리스트를 보면 훨씬 더 기억이 생생할 것이다.

이렇게 현장에 직접 가보고 여러 부동산에 들러 이야기하다보면 해당 지역의 현재 분위기를 느낄 수 있다. 현장에 가기 전에 손품을 팔면서 각종 인터넷 자료를 통해 지역과 아파트를 선별하는 과정을 거치지만 이 과정에서 사용하는 자료들은 각 기관에서 제공하는 통계자료들이다. 통계자료들은 각 기관에서 개별 데이터를 취합한 뒤 가공해 수치화한 것이다. 즉 데이터를 취합하고 가공하는 데 일정 시간이 걸린다. 한마디로 약간 늦은 정보라는 것이다.

통계를 보고 숲을 공부했다면 전화나 현장 임장으로 지역별, 아파트 단지별 실시간 흐름을 세부적으로 파악하는 나무를 공부해야 한다. 그 어떤 통계보다 가장 빠른 데이터는 바로 현장에 있다. 현장에서 사려는 사람이 많은지, 팔려는 사람이 많은지, 관망세인지 분위기를 직접 느껴보는 것이 가장 빠른 방법이다. 따라서 현장 임장은 부동산투자의 필수적 요소다.

현장 임장

✓ 전화 임장으로 부동산을 선별하자.
✓ '초'급매는 현장에 있다.
✓ 다양한 콘셉트로 접근하라.
✓ 체크리스트를 활용하라.

인테리어의 힘, 실전 투자에서 빛난다

세입자도 좋고, 나도 좋은 인테리어다.
인테리어를 왜 해야 하는지 살펴보자.

지금까지 살펴본 아파트투자에 필요한 기초지식, 갭투자 방식, 투자하기 좋은 아파트에 대한 이론 공부와 실질적으로 투자에 필요한 손품·발품을 바탕으로 열심히 공부한 끝에 마음에 드는 아파트를 찾아서 투자를 진행하기로 하고 매수 계약까지 끝냈다고 하자.

우리 같은 갭투자자에게는 숙제가 한 가지 더 남아 있다. 바로 전세를 맞추는 것이다. 물론 매수를 결정할 때 전세 수요를 충분히 조사하고 알아봐야겠지만 조금 더 효율적으로 전세 세팅을 할 수 있고, 추후 2년 또는 4년 뒤 매도할 때도 좀더 비싼 가격에 효율적으로 팔 수 있는 방법이 있다. 그것은 바로 '인테리어'를 하는 것이다.

인테리어 활용,
어떻게 해야 할까?

소액으로 갭투자를 하기에는 1990년대~2000년대 초반에 건설된 아파트가 가장 효율적이라고 했다. 준공한 지 15~25년 정도 된 아파트들이다. 대부분 조금씩 노후되었다는 뜻이다. 시중에 나와 있는 전세 매물이 전혀 없다면 상관없겠지만 전세를 놓는 것도 경쟁이다.

내 물건이 다른 물건들보다 경쟁력이 있어야 먼저 계약될 수 있다. 그리고 인테리어를 해서 집을 깨끗하고 살기 좋게 만들어놓는다면 경쟁력도 생기지만 인테리어가 되지 않은 아파트보다 더 높은 가격으로 전세를 맞출 수 있기 때문에 투자금을 줄일 수 있다.

전셋집을 구하려는 세입자 처지에서 생각해보자. 당연히 가격 대비 좋은 집을 선택할 것이다. 더군다나 전세보증금은 전액 다시 돌려받을 돈이고, 전세자금 대출을 연금리 3.5%로 받았다고 가정했을 때 전세보증금으로 1천만~2천만 원을 더 주더라도 한 달 이자가 3만~6만 원밖에 차이 나지 않는다. 따라서 대출을 조금 더 받거나 돈을 보태 인테리어가 되어 있는 깨끗한 집을 선택하게 된다는 것이다.

투자자는 이런 부분을 이용해야 한다. 인테리어에 들어가는 비용보다 전세금을 더 올려 받을 수 있다면 충분히 이득이 되기 때문이다. 투자금을 줄일 수 있고, 이 다음에 다시 전세를 주거나 매도할 때도 내 물건이 우선적으로 거래될 수 있다. 세입자 입장에서도 한 달에 3만~6만 원 정도 부담하는 대신 훨씬 더 쾌적한 환경에서 2년간 거주를 보장받을 수 있기 때문에 더욱 만족감이 높아진다.

투자자로서도 인테리어가 되어 있는 집이 금액만 맞는다면 새로 인테리어를 하지 않아도 되기 때문에 투자하기가 한결 수월해진다. 적당한 인테리어는 여러모로 효율적인 전략이다. 아래의 예시를 보자.

이 예시를 보면 인테리어를 해서 투자금을 300만 원 줄일 수 있다. 실제로 투자하다보면 더 큰 금액을 줄일 수 있는 경우도 많다.

: 인테리어에 따른 투자금 비교 :

인테리어를 하지 않은 경우	인테리어를 한 경우
매수금액: 3억 원 전세금액: 2억 7천만 원	매수금액: 3억 원 전세금액: 2억 8천만 원 인테리어 비용: 700만 원
투자금 3천만 원	투자금 2,700만 원

인테리어 전	인테리어 후

그리고 사고팔기를 해야 하는 부동산투자에서 다른 물건보다 경쟁력이 있다는 것은 매우 중요하다.

앞서 3장의 '소액 분산투자의 중요성을 깨닫자'에서 '환금성'을 얘기한 것과 같은 맥락이다. 자신이 원하는 시점에 최대한 빠르게 거래되어야 한다. 그래야 현금흐름을 원활하게 할 수 있다. 그런 면에서 보았을 때도 인테리어는 대단히 큰 역할을 한다.

앞에서 제시한 좌우의 사진을 비교해보자. 내가 실제로 투자하면서 진행했던 아파트 수리 사진이고, 당연히 왼쪽과 오른쪽 사진은 같은 집이다. 당신이 전세로 집을 구한다면 어떤 집을 선택할 것 같은가? 나라도 오른쪽 집을 선택할 것이다.

인테리어 견적서는
이렇게 받아라

그렇다면 인테리어를 하라는 뜻은 알겠는데 어디를 어떻게 해야 한다는 말인가? 궁금증이 생길 것이다. 다음 표를 보자.

여러 번 인테리어를 진행하며 받은 견적서와 직접 경험하며 필요하다고 생각한 부분들을 취합해서 만든 간단한 인테리어 견적 양식이다. 인테리어 용어 설명을 이 칼럼 뒤에 첨부했으니 용어 설명과 이 체크리스트를 참고해 현재 집 상태에서 수리가 필요한

: 인테리어 견적서 :

업체명:
연락처:
주 소:

순번	목록		금액	참고사항
1	도배	☐ 실크벽지　　　☐ 합지(광폭)　　　☐ 합지(소폭) ☐ 합지(거실광폭+소폭)　　☐ 거실 실크+방 합지		
2	바닥	☐ 장판　☐ 데코타일　☐ 강마루　☐ 강화마루		
3	주방	☐ 싱크대　　　☐ 냉장고장　　　☐ 키큰장		
4	화장실	☐ 변기, 세면대　☐ 수건장　　　☐ 파티션 ☐ 돔 천장　　　☐ 젠다이　　　☐ 기타 액세서리		
5	타일	☐ 주방　　　　☐ 화장실　　　☐ 현관 ☐ 베란다　　　☐ 다용도실		
6	마감	☐ 내부 페인트　☐ 발코니 페인트 ☐ 필름(방문)　☐ 필름(섀시)		
7	목공	☐ 천장 몰딩　☐ 걸레받이(바닥몰딩)　☐ 문교체 ☐ 중문 설치　☐ 등 박스		
8	전기	☐ 조명　　　☐ 콘센트, 스위치, 감지기 ☐ 비디오폰		
9	신발장	☐ 신발장　☐ 하단 띄움　☐ 거울 부착　☐ 하단 조명		
10	확장	☐ 베란다　　　☐ 방1　　　☐ 방2		
11	섀시	☐ 내부 섀시　☐ 외부 섀시		
12	잡공사	☐ 방문손잡이　☐ 현관키　　☐ 건조대 ☐ 문턱제거　　☐ 기타　　　☐ 실리콘		
13	기타			
14	합계			

부분에 대한 인테리어를 진행하면 된다. 별거 아니라고 생각할 수 있지만 직접 체크리스트를 보면서 하나씩 체크해야 빠뜨리지 않고 좀더 편리하게 견적을 받을 수 있다.

만약 전세입자가 들어오기로 한 날에 맞춰 인테리어를 했는데 빠진 부분이 있다면 불편한 일이 생기므로 반드시 빠진 부분이 없는지 체크해야 한다. 이 양식에 필요한 부분만 체크해서 인테리어 업체에 보내주거나 현장에서 견적할 때도 체크리스트를 활용하면 효율적으로 견적을 받을 수 있다. 이 양식은 카페와 블로그에 게시해놓았으니 필요하면 다운받아 사용하기 바란다.

인테리어를 활용해
투자금을 줄인 사례

앞에서 제시한 인테리어 전과 후 사진에 있는 아파트에 인테리어를 함으로써 어떤 효과를 얻었는지 살펴보자.

다음은 내가 2017년 투자했던 아파트의 전세 실거래 가격 정보다. 전용면적 84.96m²에 투자했는데 5월 전세가 2억 8천만 원에 1건, 3억 원에 1건이 거래되었다. 2억 8천만 원은 1층이라서 제외하더라도 3억 원에 전세 계약이 체결된 것을 확인할 수 있다.

3개월 뒤인 8월에 내가 계약했던 아파트는 5층이고 3억 3천만 원에 계약했다. 5월에 4층이 3억 원에 거래된 것에 비하면 층은 비슷한데 3천만 원이나 차이가 난다. 당시 전세 물건이 전혀 없었던 것도 아닌데 인테리어를 한 덕분에 전세 가격을 높게 받을 수

매매　전월세

▶연도 2017년 ▼　▶면적 전체 ▼　▶금액 전체 ▼

· 5월

전용면적(㎡)	계약일	보증금(만 원)	월세(만 원)	층	건축연도
84.96	21~31	28,000	0	1	1998
59.82	21~31	8,500	13	18	1998
59.82	11~20	27,000	0	20	1998
84.96	11~20	30,000	0	4	1998

· 상세정보

매매　전월세

▶연도 2017년 ▼　▶면적 전체 ▼　▶금액 전체 ▼

· 8월

전용면적(㎡)	계약일	보증금(만 원)	월세(만 원)	층	건축연도
59.82	21~31	25,000	0	10	1998
84.96	21~31	33,300	0	5	1998
84.96	1~10	2,000	95	7	1998
59.82	1~10	25,000	0	1	1998

있었다. 계획한 금액이었지만 다행히 계획대로 계약되어 내 투자
금은 훨씬 줄어들게 되었다.

　이처럼 실전 투자에서 인테리어는 매우 유용한 방법이다. 투자
금을 줄이고 세입자도 만족시키며 환금성도 확보할 수 있는 인테
리어를 잘 활용해 갭투자 전세 세팅까지 성공적으로 마무리하자.

꼭 알아야 할
인테리어 용어

도배(가격: 실크>합지)
- **실크벽지:** 종이벽지에 PVC 재질로 코팅해 고급스러운 느낌의 벽지로 물걸레질이 가능하지만 가격이 비쌈
- **합지벽지:** 종이벽지로 내구성이 약하지만 실크벽지보다 통풍이 잘되고 가격이 저렴한 친환경 벽지

바닥(가격: 강마루>강화마루>데코타일>장판)
- **장판:** 일반적으로 가정에서 사용하는 바닥재로, 표면이 약해 자국이 생기거나 찢어질 수 있음
- **강화마루:** 톱밥을 압축해 만든 자재. 접착제를 이용하지 않고 바닥에 끼워 시공. 장기간 사용하면 마루 사이가 벌어지는 경우가 있음
- **강마루:** 합판으로 만든 자재. 접착제를 이용해 시공. 열전도율, 소음, 보행감이 우수하지만 가격이 비쌈
- **데코타일:** PVC 재질로 접착제를 이용해 시공. 마루보다 저렴하고 관리하기에 편하지만 쿠션감이 떨어지고 온도에 민감

주방
- **냉장고장:** 싱크대 옆에 냉장고를 넣을 수 있도록 짜놓은 틀
- **키큰장:** 일반적으로 냉장고장 옆에 전자레인지, 밥솥 등을 보관할 수 있도록 천장까지 길게 짜놓은 수납장

화장실
- **파티션:** 세면대와 샤워기 사이를 분리해놓은 유리벽
- **돔 천장:** 플라스틱 재질을 이용해 돔 형식으로 라운드가 들어간 천장 마감재. 라운드 없이 가능
- **젠다이:** 변기, 세면대 벽면에 물건을 올릴 수 있도록 벽돌을 쌓아 만든 욕실 선반

목공

- **몰딩:** 천장과 벽면 사이, 바닥과 벽면 사이 같은 이음새 부분에 하는 장식
- **중문:** 내부 현관과 거실을 분리해주는 중간 문
- **아트월:** 거실에 텔레비전을 설치하는 벽면. 대리석, 타일 등으로 꾸밀 수 있음

저자 본인의 실제 투자 사례에 대해 이야기한다. 역세권에 입지 좋은 아파트투자, 인테리어 스킬을 활용한 투자, 매도인의 상황을 이용해서 유리한 계약을 이끌어낸 투자, 학군지를 이용한 투자 사례를 소개한다. 하지만 저자는 4가지 성공 사례 모두 해당 지역이 가격 상승 흐름에 있는 지역이었기 때문에 가능한 것이었다고 한다. 나무(입지, 호재 등)가 아닌 숲(흐름)과 나무의 조화가 최고의 결과물을 만들어낸다고 주장하는 저자의 투자 노하우들을 확인하고 저자가 강조하는 '흐름'이 중요한 이유를 살펴보자.

5장

20대의
당찬 아파트투자 사례

역세권 아파트투자, 이렇게 했다

내 생에 첫 아파트투자 사례를 소개한다.
동향, 4층 아파트에 투자한 결과는 어땠을까?

여기에서는 내가 실제로 투자했던 사례
들을 보여주려고 한다. 투자 사례 부분에서 수익금, 수익률을 자
랑하려고 하는 것이 아니다. 여기서 전하려는 메시지는 따로 있다.
구체적인 투자 사례들을 보고 독자들도 미래에 대한 기대감을 가
지길 바란다. 3년 전 26세의 평범한 사회 초년생이었던 내가 직접
경험한 일이기에 막연한 기대감이 아닌 충분히 해낼 수 있다는 자
신감을 가지고 실제 투자에 한 발 더 다가설 수 있다.

또 여러 사례에서 돈이 어떻게 얼마가 들어갔고 투자 과정에서
어떤 일이 있었는지 구체적인 내용을 기술했고, 실제 투자하면서

경험한 내용이므로 앞으로 독자들이 투자할 때 충분히 참고가 될 것이다.

내 생에 첫 아파트를
매수하다

첫 번째 투자 사례로 소개할 아파트는 내가 맨 처음 투자했던 아파트다. 부산 해운대구에서 별 모양으로 표시한 곳이 바로 내가 투자했던 아파트다. 해당 지역은 1990년대에 개발한 신도시 지

:부산시 해운대구 좌동 지도:

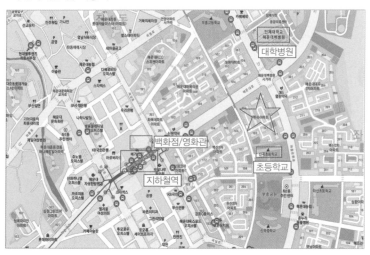

: 아파트 매매 계약서 :

<table>
<tr><td colspan="8" align="center">아파트 매매 계약서</td></tr>
<tr><td colspan="8">아래 부동산에 대하여 매도인과 매수인은 합의하여 다음과 같이 매매계약을 체결한다.</td></tr>
<tr><td colspan="8">1. 부동산의 표시</td></tr>
<tr><td>소 재 지</td><td colspan="7">부산광역시 해운대구 좌동 1323 한라아파트</td></tr>
<tr><td>토 지</td><td>지 목</td><td>대</td><td>대지권(비율)</td><td>19696.8/27.09</td><td>면 적</td><td colspan="2">19696.8㎡</td></tr>
<tr><td>건 물</td><td>구 조</td><td>철근콘크리트</td><td>용 도</td><td>공동주택</td><td>면 적</td><td colspan="2">60.00㎡</td></tr>
<tr><td colspan="8">2. 계약내용
제1조 (매매대금 및 지급시기) ① 매도인과 매수인은 매매대금 및 지불시기를 다음과 같이 약정한다.</td></tr>
<tr><td>매 매 대 금</td><td colspan="3">一金 이억일천오백만</td><td colspan="4">원整 (₩ 215,000,000)</td></tr>
<tr><td>계 약 금</td><td colspan="3">一金 이천일백만 (₩21,000,000)</td><td colspan="2">원整은 계약시에 지불하고 영수함</td><td>영수자</td><td>계좌송금</td></tr>
<tr><td rowspan="2">중 도 금</td><td colspan="3">一金</td><td colspan="4">원整은   년   월   일에 지불하며.</td></tr>
<tr><td colspan="3">一金</td><td colspan="4">원整은   년   월   일에 지불한다.</td></tr>
<tr><td>잔 금</td><td colspan="3">一金 일억구천사백만 (₩ 194,000,000)</td><td colspan="4">원整은 2015년 9월 2일에 전액수령한다.</td></tr>
<tr><td>융 자 금</td><td colspan="3">一金</td><td colspan="4">원整은</td></tr>
</table>

역으로 신도시답게 생활 인프라가 잘 형성되어 있다. 도보 10분 거리에 초등학교, 대학병원, 백화점, 영화관 그리고 지하철역까지 있다.

위는 2015년 8월 19일 작성한 매수계약서의 일부다. 76㎡ (23평) 아파트로 당시 매물이 대부분 2억 3천만 원 정도에 나와 있었는데, 급매물로 2억 1,500만 원에 나와 있는 것을 매수했다. 전세보증금 1억 4,500만 원에 전세입자가 있었는데 내가 매수한 뒤 얼마 되지 않아 퇴거했다. 당시 전세 시세는 1억 8천만~1억 9천만 원 정도였다.

이것저것 알아보다가 전세로 세팅하는 것보다 조금 더 좋은 방법을 찾아냈다. 첫 번째 투자였기에 가능한 것이었는데 생애 처음으로 주택을 구입하면 '주택금융공사'에서 저렴한 금리와 비교적 높은 한도로 대출해주는 상품이 있었다. 앞에서 살펴본 KB부동산의 당시 '일반 평균가'는 2억 4,250만 원이었으므로 70%인 1억 6,900만 원을 대출받을 수 있었다. 대출과 '보증금 2천만 원/월세 58만 원'으로 최종 세팅을 했다.

생애 첫 주택 구입에 따른 대출이 아니었다면 대출 한도는 1억 4,900만 원 정도였을 것이다. 대출 1억 4,900만 원과 월세(보증금 2천만 원/월세 58만 원)로 세팅하면 투자금이 더 많이 들어가므로 아마도 전세로 세팅했을 것이다. 총투자금 2,600만 원에 월 13만 원의 수익을 얻게 되었다. 월세 수익만 해도 연간 6%다.

이 아파트는 첫 투자 아파트로 투자 당시까지만 해도 통계와 차트 활용에 대해 전혀 몰랐고, 그 이후 통계와 차트에 대해 배웠다. 늦게나마 여러 지표를 확인했을 때 다행히 나쁘지 않았고, 당시 해운대구의 아파트는 가격이 꽤 많이 상승했다.

: 첫 투자 아파트의 수익 :

▶ 매입가격: 2억 1,500만 원 ▶ 대출금액: 1억 6,900만 원 ▶ 월세 보증금: 2천만 원	▶ 대출이자: 월 45만 원 ▶ 월세: 월 58만 원
▶ 총투자금: 2,600만 원(부대비용 별도)	▶ 월수익: 월 13만 원

2년 뒤에
드디어 수익 실현!

이 아파트는 약 2년 뒤인 2017년 5월 20일 2억 8,500만 원에 매도계약서를 작성했다. 월세입자가 2017년 초 개인 사정으로 퇴거해 이후 이자가 지출되었지만 그동안 받은 월세 수익을 감안하면 큰 차이가 나지 않아 최종 수익금에서 제외하면 순수 시세 상승으로만 7천만 원의 시세차익을 얻었다.

첫 번째 사례 아파트의 특징은 바로 '동향'이고 '4층'이라는 것

: 아파트 매매 계약서 :

아파트 매매 계약서

아래 부동산에 대하여 매도인과 매수인은 합의하여 다음과 같이 매매계약을 체결한다.

1. 부동산의 표시

소 재 지	부산광역시 해운대구 좌동 1323 한라아파트				
토 지	지목	대	대지권(비율)	19696.8/27.09	면 적	19696.8㎡
건 물	구조	철근콘크리트	용 도	공동주택	면 적	60.00㎡

2. 계약내용

제1조 [매매대금 및 지급시기]   ① 매도인과 매수인은 매매대금 및 지불시기를 다음과 같이 약정한다.

매 매 대 금	一金 이억팔천오백만	원整 (₩ 285,000,000)		
계 약 금	一金 이천팔백만 (₩28,000,00)	원整은 계약시에 지불하고 영수함	영수자	
중 도 금	一金	원整은 년 월 일에 지불하며,		
	一金	원整은 년 월 일에 지불한다.		
잔 금	一金 이억오천칠백만 (₩ 257,000,000)	원整은 2017년 7월 31일에 지불한다.		
융 자 금	一金	원整은 현상태에서 승계한다.		

: 첫 아파트의 매도 후 최종 수익 :

▶ 매입가격: 21,500만 원 ▶ 매도가격: 28,500만 원
▶ 시세차익: 7천만 원(부대비용 별도)
※ 투자금 2,600만 원>시세차익 7천만 원 　최종 수익률 269%

이다. 일반적으로 남향이 아니라 햇빛이 잘 안 들어올 것 같고 층까지 어중간한 4층이어서 꺼리는 경우가 많다. 하지만 앞서 3장 '살기 좋은 아파트 vs. 투자하기 좋은 아파트'에서 말했듯이 투자 대상 아파트는 로열층, 남향이 아니어도 된다. 오히려 더 낮은 가격에 매입할 수 있으므로 수익률을 높일 수 있다. 못난이 물건이라도 아파트 단지 전체의 가격은 함께 오른다.

　나는 첫 번째 투자로 얻은 수익금을 활용해 더욱 적극적으로 투자를 이어나갔다. 이때부터 투자자로서 본격적인 내 삶이 시작되었다.

인테리어를 활용한 투자, 이렇게 했다

인테리어를 적극적으로 활용한 투자 사례다.
과정은 우여곡절, 결과는 효자 노릇한 인테리어!

이번에는 서울 노원구에 있는 아파트투자 사례를 소개한다. 앞서 4장 'KB부동산, 한국감정원 통계로 현재 흐름 파악하기'에서 잠깐 소개한 곳이다. 이 아파트에 투자할 때 우여곡절이 있었다.

이 아파트는 1999년에 지어졌는데 내가 매수한 집은 그동안 수리를 전혀 하지 않아 준공 당시 그대로였다. 한마디로 낡아서 수리가 필수적인 아파트였다. 그래서 전체적으로 인테리어를 진행했는데, 새로 구한 세입자가 11월 30일에 이사를 들어오기로 했고 인테리어는 25일까지 마무리하기로 했다.

우여곡절 끝에
완성한 인테리어

공사를 진행하던 중 인테리어 가게 사장님에게서 천장이 평평하지 않아 주방 조명을 애초에 시공하려 했던 것으로 할 수 없다는 얘기를 듣고 어쩔 수 없이 다른 조명으로 교체해서 진행했다. 그 뿐만이 아니었다. 사장님이 마무리 날짜가 조금 늦어질 것 같다며 예정일보다 4일 뒤인 29일까지 마무리해주겠다고 했다. 그리고 막상 세입자가 입주하기 전날인 29일이 되자 30일 세입자가 이사 들어오기 전까지는 확실히 끝내주겠다고 했다.

약속 기한을 계속 어긴 것에 조금 화가 났지만 화를 낸다고 해서 해결될 문제가 아니었기에 꼭 부탁한다고만 얘기했다. 중간중간 애로사항이 많았지만 이제는 제대로 마무리해주겠지 싶었다.

세입자가 들어오기로 한 11월 30일 아침, 인테리어 업자에게서 전화가 왔다. 본사에 주문했던 장판이 다른 색깔로 왔다는 것이었다. 나는 화이트 톤 장판을 요청했는데 밝은 갈색 장판이 왔으며, 시간이 없어서 일단 깔았다고 했다. 본사에서 다시 장판을 받아오려면 시간이 걸리고, 세입자가 이사를 들어오기로 한 시간보다 늦어질 것 같다고 했다. 다행히 세입자가 짐을 가지고 와서 확인해 보고는 지금 깔려 있는 장판도 깔끔하고 괜찮다고 했다.

하지만 장판 색깔이 집안 전체 분위기를 좌우할 수 있다. 밝은 갈색 장판도 많은 사람이 시공하고 있고, 새것이니 깔끔해 보인다. 하지만 처음에 계획했던 화이트 톤 장판을 깔았을 때가 깔끔함과 화사함이 훨씬 나을 것이라고 생각했다. 그래서 세입자에게 이사 시간을 조금 늦추어달라고 양해를 구했다. 이사 시간이 늦춰져 발생하는 추가 요금은 인테리어 사장님이 부담하기로 하고, 조금 늦게 원래 주문한 장판을 깔았다.

나는 그날 아침 부산에서 출발해 서울로 가던 중이었고, 거의 도착할 때쯤 드디어 장판까지 모두 마무리되었다는 연락을 받고 부리나케 현장으로 달려갔다. 장판을 교체하기 전 모습을 사진으로 봤던 나는 현장에 도착해 안도의 한숨을 쉬었다.

당시 인테리어 콘셉트를 정할 때 이런 디자인 분야에 감각이 있는 지인에게 도움을 받았는데 지인과 함께 계획했던 대로 화이트 톤 장판을 깔기를 정말 잘했다는 생각이 들었다. 집안이 훨씬 밝고 화사한 느낌이 들었으며 누가 보아도 깔끔한 느낌이 들 정도였다. 애초에 예정되었던 인테리어 마감 날짜에서 몇 차례나 연기가 되고 스트레스가 이만저만 아니지만, 다행이 결과물은 만족스러웠고 계획했던 금액, 인테리어 콘셉트로 완성되어 기분이 좋았다. 다음의 인테리어 전, 후 사진을 비교해 보자. 완전히 새로운 집이 되었고 누구라도 우측의 인테리어 시공을 한 집을 선택할 것이다.

최종 세팅과
수익 실현!

이번에 소개할 사례는 99m²대(30평대) 아파트로 2016년 다음과
같이 최종 매수해 전세 세팅을 완성했다.

2016년 8월쯤 4억 2천만 원에 매수해서 4억 1천만 원에 전세
계약을 했고, 그로부터 약 2년 뒤인 2018년 8월 4억 8,900만 원에
매도할 수 있었다.

이 아파트를 매수하면서 1999년 이후 부동산 거래를 전혀 해보
지 않은 매도인과 트러블, 그로 인한 나와 부동산 소장님의 스트
레스, 약속을 지키지 않은 인테리어 사장님과의 트러블까지 참으
로 많은 일이 있었다.

: 아파트 매매 계약서 :

아파트 매매 계약서

아래 부동산에 대하여 매도인과 매수인은 합의하여 다음과 같이 매매계약을 체결한다.

1. 부동산의 표시

소 재 지	소재지 서울시 노원구			302호		
토 지	지 목	대	대지권(비율)	6870.5/26,838	면 적	26,838m²
건 물	구 조	철근콘크리트	용 도	공동주택	면 적	85m²

2. 계약내용
제1조 [매매대금 및 지급시기]   ① 매도인과 매수인은 매매대금 및 지불시기를 다음과 같이 약정한다.

매 매 대 금	一金 사억이천만	원整 (₩ 420,000,000)

: 아파트 전세 계약서 :

아파트 전세 계약서

아래 부동산에 대하여 임대인과 임차인은 합의하여 다음과 같이 임대차계약을 체결한다.

1. 부동산의 표시

소 재 지	소재지 서울시 노원구			302호			
토 지	지 목	대	대지권(비율)	6870.5/26,838	면 적		26,838㎡
건 물	구 조	철근콘크리트	용 도	공동주택	면 적		85㎡
임대할부분	102동 302호 전체				면 적		85㎡

2. 계약내용

제1조 〔보증금 및 지급시기〕 ① 임대인과 임차인은 임대차 보증금과 지불시기를 다음과 같이 약정한다.

보 증 금	一金 사억일천만	원整 (₩ 410,000,000	)

: 아파트 매매 계약서 :

아파트 매매 계약서

아래 부동산에 대하여 매도인과 매수인은 합의하여 다음과 같이 매매계약을 체결한다.

1. 부동산의 표시

소 재 지	소재지 서울시 노원구			302호			
토 지	지 목	대	대지권(비율)	6870.5/26,838	면 적		26,838㎡
건 물	구 조	철근콘크리트	용 도	아파트	면 적		85㎡

2. 계약내용

제1조 〔매매대금 및 지급시기〕 ① 매도인과 매수인은 매매대금 및 지불시기를 다음과 같이 약정한다.

매 매 대 금	一金 사억팔천구백만	원整 (₩ 489,000,000	)

: 최종 수익 :

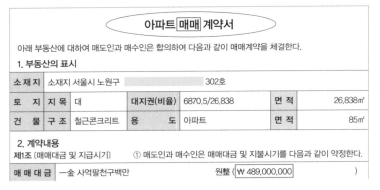

▶ 매수가격: 4억 2천만 원(인테리어 1천만 원)
▶ 전세 가격: 4억 1천만 원
▶ 매도가격: 4억 8,900만 원

▶ 시세차익: 5,900만 원(인테리어 포함, 부대비용 별도)

※ 투자금: 2천만 원 > 시세차익 5,900만 원
　최종 수익률 295%

하지만 시간이 지난 지금은 그때 경험이 투자에 많은 도움이 되고 있다. 그리고 이 아파트는 특히 공을 들여 인테리어했던 물건인데 인테리어 덕분에 결과적으로 전세 세팅도 잘되었고, 세입자도 상당히 만족했다. 그뿐만 아니라 최근 매도할 때도 매수인에게 인테리어가 잘되어 있어 매수를 결정했다는 얘기를 들었다. 다시 한 번 인테리어의 중요성을 깨닫게 해준 물건이다.

이 아파트로 얻게 된 투자 수익금 중 일부는 내가 이사할 집에 입주할 때 보태고, 나머지는 재투자하기로 했다.

매도인을 역이용한 투자, 이렇게 했다

투자도 비즈니스다. 거래 상대방으로부터
나에게 유리한 계약 조건을 얻어내야 한다.

이번에 소개할 사례는 지방에 있는 아
파트다. 투자한 지 얼마 되지 않은 아파트라서 위치를 공개할 수
없지만 이 아파트 사례에서 전달하고자 하는 메시지가 있다. 이
아파트는 입지적으로도 일명 초품아(초등학교를 품은 아파트)이고
해당 지역에서 S급 입지는 아니지만 학군도 괜찮고 나름 선호하
는 동네다. 이 아파트를 소개하는 이유는 입지를 떠나 아파트투자
도 비즈니스라는 것을 말하기 위해서다.

계약할 때는 최대한 나에게 유리하게 이끌어야 한다. 100m 달
리기를 할 때 스타트가 빠르면 훨씬 유리한 것처럼 아파트도 최

초에 매수계약을 할 때부터 나에게 유리한 가격, 조건이라면 해당 물건을 보유하면서도 불안감이 적고 향후 기대 수익률도 극대화된다.

아파트투자도 비즈니스다

다음은 아파트 매매계약서의 일부다. 해당 아파트 단지의 로열동, 로열층 물건으로 1억 5,550만 원에 계약했다. 매매대금 아래쪽에 빨간색 네모로 표시한 부분을 보면 잔금 날짜가 4월 17일이고, 계약서 가장 아래쪽에 보면 계약 날짜가 4월 2일이라고 되어 있다. 계약일부터 불과 2주 뒤에 잔금을 내야 했다.

사실 이 물건은 매도인이 더 좋은 집으로 이사 가기 위해 돈이 필요했고, 4월 17일까지 무조건 잔금을 받아야 하는 사정이 있는 아파트였다. 원래는 1억 6,500만 원 정도에 나와 있었는데 집주인이 돈이 필요한 날짜는 다가오고 거래가 빨리 되지 않으니 1억 6천만 원까지 가격을 내린 상태였다.

소장님을 통해 매도인 사정을 들어보니 충분히 가격을 더 조절할 수 있을 것 같다는 생각이 들었다. 그래서 소장님에게 "500만 원 더 깎아준다고 하면 살게요"라고 했다. 그러자 소장님이 "이미

: 부동산(아파트) 매매 계약서 :

부동산(아파트) 매매 계약서

매도인과 매수인 쌍방은 아래 표시 부동산에 관하여 다음 계약 내용과 같이 매매계약을 체결한다.

1.부동산의 표시

소 재 지			1001호					
토 지	지 목	대	면 적	34579.1㎡	대지권종류	소유권대지권	대지권비율	34579.1분의 5033
건 물	구 조	철근콘크리트	용 도	아파트			면 적	59.42㎡

2. 계약내용

제1조 (목적) 위 부동산의 매매에 대하여 매도인과 매수인은 합의에 의하여 매매대금을 아래와 같이 지불하기로 한다.

매 매 대 금	금 일억오천오백오십만원정	(₩155,500,000)	
계 약 금	금 칠백오십만원정	은 계약시에 지불하고 영수함. 영수자(인)	
잔 금	금 일억사천팔백만원정	원정은 2018년 04월 17일 에 지불한다.	

제2조 (소유권 이전 등) 매도인은 매매대금의 잔금 수령과 동시에 매수인에게 소유권이전등기에 필요한 모든 서류를 교부하고 등기 절차에 협력하며, 위 부동산의 인도일은 2018년 04월17일 로 한다.

제3조 (제한물권 등의 소멸) 매도인은 위의 부동산에 설정된 저당권, 지상권, 임차권 등 소유권의 행사를 제한하는 사유가 있거나, 제세공과 기타 부담금의 미납금 등이 있을 때에는 잔금 수수일까지 그 권리의 하자 및 부담 등을 제거하여 완전한 소유권을 매수인에게 이전한다.

제4조 (지방세 등) 위 부동산에 관하여 발생한 수익의 귀속과 제세공과금 등의 부담은 위 부동산의 인도일을 기준으로 하되, 지방세의 납부의무 및 납부책임은 지방세법의 규정에 의한다.

제5조 (계약의 해제) 매수인이 매도인에게 중도금(중도금이 없을 때에는 잔금)을 지불하기 전까지 매도인은 계약금의 배액을 상환하고, 매수인은 계약금을 포기하고 본 계약을 해제할 수 있다.

제6조 (채무불이행과 손해배상) 매도인 또는 매수인이 본 계약상의 내용에 대하여 불이행이 있을 경우 그 상대방은 불이행한 자에 대하여 서면으로 최고하고 계약을 해제할 수 있다. 그리고 계약당사자는 계약해제에 따른 손해배상을 각각 상대방에게 청구할 수 있으며, 손해배상에 대하여 별도의 약정이 없는 한 계약금을 손해배상의 기준으로 본다.

제7조 (중개보수) 개업공인중개사는 매도인 또는 매수인의 본 계약 불이행에 대하여 책임을 지지 않는다. 또한, 중개보수는 본 계약체결과 동시에 계약 당사자 쌍방이 각각 지불하며, 개업공인중개사의 고의나 과실없이 본 계약이 무효·취소 또는 해제되어도 중개보수는 지급한다. 공동 중개인 경우에 매도인과 매수인은 자신이 중개 의뢰한 개업공인중개사에게 각각 중개수수료를 지급한다.

제8조 (중개보수 외) 매도인 또는 매수인이 본 계약 이외의 업무를 의뢰한 경우 이에 관한 보수는 중개보수와는 별도로 지급하며 그 금액은 합의에 의한다.

제9조 (중개대상물확인설명서 교부 등) 개업공인중개사는 중개대상물 확인설명서를 작성하고 업무보증관계증서(공제증서 등) 사본을 첨부하여 계약체결과 동시에 거래당사자 쌍방에게 교부한다.

특약사항

본 계약을 증명하기 위하여 계약당사자가 이의 없음을 확인하고 각각 서명·날인한다. | 2018년 04월 02일

500만 원 정도 내린 가격인데 500만 원이나 더 깎아주지는 않을 것 같은데요. 100만~200만 원도 아니고…"라고 했다. 하지만 내 생각은 조금 달랐다. 집주인은 인근 새 아파트로 이사를 가야 했다. 새 아파트 분양권은 잔금 납부 기한이 지나면 연체료가 발생한다. 한 달 연체료는 500만 원이 되지 않는다. 하지만 해당 지역

은 집주인이 나에게 500만 원을 깎은 가격에 팔지 않고 조금 더 기다린다고 해서 한 달 안에 다른 사람이 더 비싼 가격에 매수할 분위기가 아니었다. 그래서 소장님에게 밀져야 본전이니 전화라도 해봐달라고 했다.

소장님이 집주인에게 전화를 했고 내 예상대로였다. 집주인은 500만 원 깎은 가격에서 50만 원만 더 주면 안 되냐고 했다. 나는 '그쯤이야'라고 생각하며 흔쾌히 그러겠다고 했고, 결국 1억 5,550만 원에 거래했으니 450만 원을 깎은 것이다. 매도인에게는 조금 미안하지만 매도인 사정을 이용해 450만 원을 더 깎음으로써 나에게 충분히 매력적인 가격이 되었고 매수를 결정했다.

350만 원으로
아파트 한 채 사기

이 아파트는 이후 인테리어를 진행했고 내가 원하는 가격에 전세까지 세팅했다.

다음에서 보듯이 매매대금이 1억 5,550만 원이었는데 전세 가격은 1억 6천만 원이다. 인테리어 비용을 포함하더라도 아주 소액으로 투자한 것이다. 사전에 조사했던 전세 시세, 수요, 인테리어를 생각했을 때 충분히 가능한 가격이라고 생각했고, 다행히 계획

부동산(아파트) 전세 계약서

아래 부동산에 대하여 임대인과 임차인은 합의하여 다음과 같이 임대차계약을 체결한다.

1.부동산의 표시

소 재 지					1001호				
토 지	지 목	대	면 적	34579.1㎡	대지권종류	소유권대지권	대지권비율	34579.1분의 35.5033	
건 물	구 조	철근콘크리트	용 도	아파트			면 적		59.42㎡
임대할 부분	전체						면 적		

2. 계약내용

제1조 (보증금 및 지급시기) 임대인과 임차인은 임대차 보증금과 지불시기를 다음과 같이 약정한다.

보 증 금	금 일억육천만원정	(₩160,000,000)

: 최종 수익 :

▶ 매수가격: 1억 5,550만 원(인테리어 800만 원)
▶ 전세 가격: 1억 6천만 원

▶ 총투자금: 350만 원(부대비용 별도)

했던 금액으로 전세를 세팅할 수 있었다.

이번 투자를 하면서 매도인의 심리와 상황을 이용해 나에게 매력적인 가격으로 만들었고, 그 덕분에 투자금을 최소화했다. 투자금이 350만 원이면 아파트 가격이 350만 원만 올라도 수익률이 100%가 되고, 1천만 원이 오르면 300% 가까운 수익률을 올릴 수 있다. 앞서 3장의 '소액 분산투자의 중요성'을 다시 한 번 생각할 수 있는 사례다.

학군지를 이용한 투자, 이렇게 했다

가장 비싼 곳은 '학군'이 좋은 지역이다.
학군지의 힘을 이용한 투자 사례를 소개한다.

강남이 유명하고 비싼 이유는 직장이 많이 밀집해 있기 때문이기도 하지만 다른 큰 이유 중 하나는 이른바 '강남 8학군'이라 일컫듯 학군이 좋기 때문이다. 서울의 강남, 대구의 수성구 같이 학군으로 유명한 지역들이 있고 그 지역들은 대부분 수요가 탄탄하며 가격도 비싸다. 그도 그럴 것이 모든 부모의 관심 1순위는 자녀일 테고, 금전적 여유가 있을수록 자녀 교육에 많이 투자하기 때문이다.

이번에 소개할 투자 사례 지역은 경기도에서 학군으로 유명한 지역이다. 학군 지역의 수요가 어느 정도인지 함께 살펴보자.

학군 지역의 힘은
매우 강력하다

다음은 2016년 11월 매수했던 아파트 매매 계약서의 일부다. 이번 사례에서는 계약서의 제일 아래 인적 사항 부분만 빼고 전체를 첨부했다. 왜냐하면 날짜를 강조하기 위해서다. 계약서를 보면 2016년 11월 29일 4억 6,500만 원에 매수계약을 했다. 해당 지역은 학군 수요가 강한 곳이라고 했다. 11월 말이면 학군 수요로 많은 사람이 이곳으로 이사 오려고 한다.

그다음에 이어 제시한 아파트 전세 계약서 일부를 보면 2016년 12월 3일 4억 4천만 원에 전세계약을 했다. 매수계약을 하고 나서 불과 4일 만에 전세계약까지 세팅했다. 내가 경기도에 올라가 계약서를 작성한 때가 12월 3일이고 그전에 부동산에서 연락을 받았으니 매수계약을 하고 불과 3일이 되지 않았을 때 연락을 받은 것이다.

심지어 당시 전세 시세는 4억 1천만~4억 2천만 원 정도였고, 많이 받아야 4억 3천만 원이었다. 전세 수요가 강한 타이밍과 그에 비해 공급되어 있는 전세물량이 없는 타이밍을 활용해 역대 최고 전세 가격으로 세팅한 것이다.

: 아파트 매매 계약서 :

아파트 매매 계약서

매도인과 매수인 쌍방은 아래 표시 부동산에 관하여 다음 계약 내용과 같이 매매계약을 체결한다.

1.부동산의 표시

소 재 지	경기도					1506호			
토 지	지 목	대	대지권(비율)	29703.7분의 46.483	면		적		46,483㎡
건 물	구 조	철근콘크리트	면	적 공동주택			면	적	84.90㎡

2. 계약내용

제1조 (보증금 및 지급시기) ① 매도인과 매수인은 매매대금 및 지불시기를 다음과 같이 약정한다.

보 증 금	一金 사억육천오백만	원整 (₩ 465,000,000)			
계 약 금	一金 사천만	원整은 계약시에 지불하고 영수함.	영수자		㊞
중 도 금	一金 일억오천만	원整은 년 월 일에 지불하며			
잔 금	一金 이억칠천오백만	원整은 2017 년 3 월 3 일에 지불한다.			

② 제1항의 매매대금은 달리 정함이 없는 한 개업공인중개사의 입회하에 지불하기로 한다.

제2조 (소유권 이전 등) 매도인은 매매대금의 잔금을 수령함과 동시에 소유권이전등기에 필요한 모든 서류를 교부하고 위 부동산을 인도하여야 한다.

제3조 (제한권 등 소멸) 매도인은 소유권의 행사를 제한하는 사유나 공과금 기타 부담금의 미납이 있을 때에는 잔금수수일 이전까지 그 권리의 하자 및 부담금 등을 제거하여 완전한 소유권을 이전하여야 한다. 다만, 달리 약정한 경우에는 그러하지 아니하다.

제4조 (제세공과금) 위 부동산에 관하여 발생한 수익과 조세공과 등의 부담금은 부동산의 인도일을 기준으로 하여, 그 전일까지의 것은 매도인에게, 그 이후의 것은 매수인에게 귀속한다. 단, 지방세의 납부의무 및 납부책임은 지방세법의 규정에 의한다.

제5조 (부동산의 인도) ① 매도인은 계약 당시 매매 물건에 부속하는 부속물, 시설 일체를 인도하여야 한다. ② 매도인은 위 부동산에 대하여 폐기물 등을 처리하고 통상적인 청소를 하고 난 후에 인도하여야 한다. 다만, 약정한 경우에는 그러하지 아니하다.

제6조 (계약의 해제) 매수인이 매도인에게 중도금 명목으로 금전이나 물건을 교부한 때에는 다른 약정이 없는 한 중도금(중도금이 없을 때에는 잔금)을 지불하기 전까지 매도인은 계약금의 배액을 상환하고, 매수인은 계약금을 포기하고 본 계약을 해제할 수 있다.

제7조 (채무불이행과 손해배상) 매도자 또는 매수자가 본 계약상의 내용에 대하여 불이행이 있을 경우 그 상대방은 불이행한 자에 대하여 서면으로 최고하고 계약을 해제할 수 있다. 그리고 계약당사자는 계약해제에 따른 손해배상을 각각 상대방에게 청구할 수 있으며, 손해배상에 대하여 별도의 약정이 없는 한 계약금을 손해배상의 기준으로 본다.

제8조 (중개보수) 개업공인중개사는 매도인 또는 매수인의 본 계약 불이행에 대하여 책임을 지지 않는다. 또한, 중개보수는 본 계약체결과 동시에 계약당사자 쌍방이 각각 지불하며, 개업공인중개사의 고의나 과실없이 본 계약이 무효·취소 또는 해제되어도 중개보수는 지급한다. 공동 중개인 경우에 매도인과 매수인은 자신이 중개 의뢰한 개업공인중개사에게 각각 중개수수료를 지급한다.

제9조 (확인설명서 교부 등) 개업공인중개사는 중개대상물 확인설명서를 작성하고 업무보증관계증서(공제증서 등) 사본을 첨부하여 계약체결과 동시에 거래당사자 쌍방에게 교부한다.

특약사항

1.
2.
3.
4.
5.

본 계약에 대하여 매도인과 매수인은 이의 없음을 확인하고 각자 서명 또는 날인 후 임대인, 임차인, 개업공인중개사가 각 1통씩 보관한다.

2016년 11월 29일

: 아파트 전세 계약서 :

아파트 전세 계약서

아래 부동산에 대하여 임대인과 임차인은 합의하여 다음과 같이 임대차계약을 체결한다.

1.부동산의 표시

소 재 지	경기도 1506호						
토 지	지 목	대	대지권(비율)	29703.7분의 46.483	면 적		46.483㎡
건 물	구 조	철근콘크리트	면 적	공동주택	면 적		84.90㎡
임대할부분	1506호, 전부			면 적			84.90㎡

2. 계약내용

제1조 (보증금 및 지급시기)   ① 임대인과 임차인은 임대차 보증금과 지불시기를 다음과 같이 약정한다.

보 증 금	一金 사억사천만	원整 (₩ 440,000,000)				
계 약 금	一金 사천사백만	원整은 계약시에 지불하고 영수함.	영수자			㉛
중 도 금	一金	원整은	년	월	일에 지불하며	
잔 금	一金 삼억구천육백	원整은 2017 년	3 월	3 일에 지불한다.		

② 제1항의 보증금은 개업공인중개사의 입회하에 지불하기로 한다.

제2조 (존속기간) 임대인은 위 부동산을 임대차 목적대로 사용, 수익할 수 있는 상태로 2017년 03월 03일까지 임차인에게 인도하며, 임대차기간은 인도일로부터 2019년 03월 03일까지로 한다.(24개월)

제3조 (용도변경 및 전대 등) 임차인은 임대인의 동의 없이는 위 부동산의 용도나 구조 등을 변경하거나 전대, 임차권 양도 또는 담보제공을 하지 못하며 임대차 목적 이외의 용도에 사용할 수 없다.

제4조 (계약의 종료) ① 임대차계약이 종료된 경우 임차인은 위 부동산을 원상으로 회복하여 임대인에게 반환한다. ② 제1항의 경우 임대인은 보증금을 임차인에게 반환하고, 연체임대료 또는 손해배상 금액이 있을 때는 이들을 제하고 그 잔액을 반환한다.

제5조 (계약의 해제) 임차인이 임대인에게 계약 당시 계약금 또는 보증금 명목으로 금전이나 물건을 교부한 때에는 다른 약정이 없는 한 중도금(중도금이 없는 때는 잔금)을 지불할 때까지 임대인은 계약금의 배액을 상환하고 임차인은 계약금을 포기하고 이 계약을 해제할 수 있다.

제6조 (채무불이행과 손해배상) 임대인 또는 임차인이 본 계약상의 내용에 대하여 불이행이 있을 경우 그 상대방은 불이행한 자에 대하여 서면으로 최고하고 계약을 해제할 수 있다. 그리고 계약당사자는 계약해제에 따른 손해배상을 각각 상대방에게 청구할 수 있으며, 손해배상에 대하여 별도의 약정이 없는 한 계약금을 손해배상의 기준으로 본다.

제7조 (중개보수) 개업공인중개사는 임대인 또는 임차인의 본 계약 불이행에 대하여 책임을 지지 않는다. 또한, 중개수수료는 본 계약체결과 동시에 계약당사자 쌍방이 각각 지불하며, 개업공인중개사의 고의나 과실없이 본 계약이 무효·취소 또는 해지되어도 중개수수료는 지급한다. 공동 중개인 경우에 임차인과 임대인은 자신이 중개 의뢰한 개업공인중개사에게 각각 중개수수료를 지급한다.

제8조 (확인설명서 등 교부 등) 개업공인중개사는 중개대상물 확인설명서를 작성하고 업무보증관계증서(공제증서 등) 사본을 첨부하여 계약체결과 동시에 거래당사자 쌍방에게 교부한다.

특약사항

1.
2.
3.
4.
5.

본 계약에 대하여 임대인과 임차인은 이의 없음을 확인하고 각자 서명 또는 날인 후 임대인, 임차인, 개업공인중개사가 각 1통씩 보관한다.

2016년 12월 3일

: 해당 아파트 현재 시세 :

매매	확인매물 18.11.06	남향 로열동 중간라인 입주매물		106/84 509동 14/15	62,000 매경부동산	031-
매매	확인매물 18.11.05	입주, 민백초, 평촌중		106/84 503동 14/18	62,000 매경부동산	031-
매매	확인매물 18.10.25	평촌역세권, 남향 로열동, 주세안고, 민백초…		106/84 503동 16/18	62,000 부동산113	031-

: 최종 세팅 :

▶ 매수가격:	4억 6,500만 원
▶ 전세 가격:	4억 4천만 원
▶ 총투자금:	2,500만 원(부대비용 별도)
※ 현재 시세: 예상 시세차익:	6억 원 이상 1억 3천만 원 이상 (수익률 500% 이상)

　맨 위의 표에서 현재 네이버 부동산에 등록되어 있는 해당 아파트 물건들을 확인할 수 있다. 남향, 로열동 물건들이지만 내가 매수했던 집은 섀시까지 전체가 수리되어 있으므로 어느 집에 비해도 크게 뒤지지 않는다. 물론 호가가 반영된 가격이긴 하지만 그래도 꽤 많은 금액이 상승했다.

　두 번째 표를 보면 총 투자금과 예상 수익률을 표시해 두었다. 당시 이 아파트에 2,500만 원(부대비용 별도) 가량을 투자해서 4억 6,500만 원에 매수했고, 현재는 시세가 6억 원에 이르러 예상 시세차익이 1억 3천만 원에 달한다. 학군 지역에 대한 수요를 다시 한번 느낄 수 있는 상승률이었다.

꼭 로열층이
아니어도 된다

이 아파트의 특징은 학군 지역이라는 것이다. 당시 학군 수요로 전세 대기자가 있을 정도였으니 학군 수요의 무서움을 직접 느낄 수 있었다. 이 물건의 또 다른 특징이 있다. 두 계약서의 주소 부분을 다시 보면 끝에 '1506호'라고 되어 있다. 이 아파트의 최고층은 15층이다. 바로 '탑층' 물건이라는 것이다. 앞서 '역세권 아파트투자, 이렇게 했다' 사례에서 남향 로열층이 아닌 저층, 동향 아파트에 투자했던 것과 같이 이번에는 사람들이 꺼리는 '탑층'이었다.

이 물건은 탑층이었지만 매도인이 오래 거주할 생각으로 수준 높은 인테리어를 했고, 인테리어를 하면서 탑층이라서 발생할 수 있는 단점을 모두 보완해놓아 오히려 전망 좋고 살기 좋은 집이 되었다. 선호도가 떨어지는 탑층이라고 해서 무조건 거부할 필요가 없다는 것이다. 이 아파트는 2019년 3월 만기 시점이 되면 매도하고 또 다른 투자처를 물색할 계획이다.

탑층의 단점

옥상과 바로 연결되어 있으므로 보온에 취약해 여름에는 덥고 겨울에는 춥다. 환기를 자주 하지 않으면 곰팡이나 결로가 발생할 확률이 높다.

알고 보면 전부 흐름투자, 이렇게 했다

역세권과 학군지보다 중요한 것은 '흐름'이다.
숲(흐름)과 나무(호재)가 조화를 이루면 최고가 된다.

　　　　　　　부동산에 투자한다고 하면 대부분 대형 상업시설이 들어올 곳, 지하철이 새로 들어오는 곳, 도로가 뚫리는 곳과 같이 개발 호재가 있는 곳에 투자하는 것을 생각한다.

　잘 생각해보자. 크고 작은 호재들이 있는 곳은 매우 많다. 그 호재들은 개발한다는 얘기가 나온 지 적게는 몇 년부터 길게는 10년 이상 된 것들도 있다. 호재가 있어서 부동산 가격이 올라간다면 그곳들은 십몇 년 동안 계속 가격이 올랐어야 했다. 하지만 실제로 가격은 계속해서 오르지 않았다. 올랐다가 떨어지거나 쉬었다가 다시 오르기를 반복했다.

개발 호재보다
상승 흐름이 먼저다

앞에서 내가 직접 투자했던 4가지 사례를 소개했다. 역세권이면서 인프라도 좋은 아파트, 학군이 좋은 아파트, 인테리어를 통해 역대 최고 전세 가격으로 세팅하고 매도할 때도 수월했던 아파트, 매도인 상황을 역이용해 가격을 깎아 매력적인 가격으로 만든 아파트까지 살펴보았다.

그밖에도 투자 사례가 더 있지만 다행스럽게도 내가 투자했던 아파트들은 대부분 가격이 적게 오를지언정 떨어진 사례는 없었고 꽤 만족할 만큼 금액이 상승한 아파트들도 있었다. 뒤돌아보면 4가지 사례 모두 공통점이 있다. 그것은 바로 가격이 오르는 시기였다는 것이다.

아파트 가격은 앞서 말한 호재가 있어서 오르거나, 입지가 좋아서 오르거나, 학군이 좋아서 오르는 게 아니다. 아파트 가격은 상승과 하락을 반복한다. 책을 읽다보면 아파트 가격은 지역마다 흐름이 다르다는 말을 많이 한다. 이것이 가장 중요한 말이다. 지역별로 오르는 시기가 있고 상승 흐름에 있는 지역에 투자해야 한다. 다음 그래프를 살펴보자.

우리나라 수도 서울, 광역시 부산, 지방 창원의 최근 10년간 아파트 매매 가격 지수 그래프다. 빨간색으로 동그랗게 표시한 부분

278

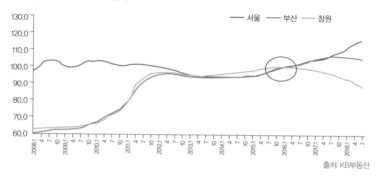

: 지역별 아파트 매매지수 변화 :

— 서울 — 부산 — 창원

출처: KB부동산

이 2015년 12월인데 지역별로 이때 아파트 가격을 100으로 기준 잡았을 때 가격 지수를 그래프로 나타낸 것이다.

먼저 서울을 보면 2010년 이후 가격이 하락하다가 2014년쯤 바닥을 찍고 2015년부터 본격적으로 가격이 상승하기 시작했고 지금까지 가파른 상승세를 보이고 있다. 서울을 보았을 때 바닥 시점인 2014년 이후로는 계속 상승 흐름에 있으므로 투자했어야 하는 지역이다.

이 글을 쓰는 지금 이 순간에도 서울 아파트 가격은 무섭게 상승하고 있지만 본격 상승이 시작된 2015년부터 약 4년 정도 가격이 올랐고 꽤 많은 금액이 상승했기 때문에 지금 투자하려고 새로 진입하기에는 조금 부담스럽지만 아직까지 상승 흐름 속에 있다.

두 번째 부산을 보면 2009년 말부터 2011년 말까지 상승 흐름이었고 조정을 받다가 2015년부터 다시 상승 흐름에 있었으며

2017년 하반기부터는 상승세가 조금 꺾인 모습이다. 부산을 보면 2009년에 투자했어야 했고 2015년에도 투자했어야 하는 지역이다.

세 번째 창원을 보면 부산과 비슷한 흐름을 보이다가 조금 빠른 2015년 말 정점을 찍고 현재까지 급격한 하락 흐름을 보이고 있다. 창원은 2009년, 2013년 투자하고 2015년에는 빠져나왔어야 하는 지역이다.

투자 사례에서 보았던 부산의 역세권 아파트는 2015년 부산이 상승 흐름에 있을 때 투자해서 2017년 정리했기 때문에 시세차익을 얻을 수 있었고, 서울 노원의 아파트도 서울이 상승 흐름에 있던 2016년에 투자했기 때문에 시세차익을 남길 수 있었다. 경기도의 학군 좋은 지역 아파트도 서울과 함께 수도권이 상승 흐름에 있던 2016년에 투자해서 현재까지 보유하고 있으며 지금도 가격이 상승하고 있다.

숲과 나무가 조화를 이루면
최고가 된다

이렇게 그래프를 보며 다 지나간 얘기를 하는 이유가 뭘까? 내가 투자한 사례들은 전부 역세권에 입지도 좋은 지역이고 학군도 좋아서 가격이 상승했을까? 절대 그렇지 않다. 상승 흐름에 있는 지역의 역세권 아파트였고 상승 흐름에 있는 지역의 학군 좋은 아파트였기 때문에 상승한 것이다.

호재가 많은 곳에 투자해도 된다. 단 호재만 보고 투자하면 목표한 수익률을 달성하기 위해서는 1년이 걸릴지 5년이 걸릴지 10년이 걸릴지 알 수 없다. 수요 대비 공급이 부족해지기 시작하는 지역에서 거래가 늘어나고 심리가 살아나면서 상승 흐름을 맞이하게 되고 이때부터 호재 이야기가 다시 슬금슬금 나온다. 하지만 과잉공급으로 지역이 침체되기 시작하면 언제 그랬냐는 듯 호재 이야기는 어디론가 사라져 다음 상승기가 올 때까지 기다리게 된다. 아파트투자에서 핵심은 상승 흐름에 있거나 상승 흐름을 맞이할 지역에 투자하는 것이다.

이러한 상승 흐름에 있는 지역에 투자하려면 앞서 보았던 '입주물량' '아파트 가격의 흐름 4단계' 'KB부동산과 한국감정원의 통계' '미분양 수치' 같은 통계 정보와 '현장 임장'을 통해 아파트 가격의 과거, 현재, 미래의 흐름을 지속적으로 공부해야 한다. 꾸준히 공부한 만큼 수익으로 돌아오기 마련이다.

나무를 보지 말고 숲을 보라는 말이 있다. 아파트투자에서 나무는 개발 호재, 학군, 역세권과 같은 각 지역의 특성을 말하고 숲은 가격의 큰 흐름을 말한다. 나무를 보지 말라는 뜻이 아니다. 전국의 아파트 가격 흐름인 숲을 먼저 보고 각 지역 내에서 선호도가 높거나 개발 호재가 있는 아파트인 나무를 함께 보면 그 효과는 배가된다는 것이다.

이러한 숲과 나무가 조화를 이룬다면 해당 아파트는 상승 흐름에 앞장서 더욱 많은 시세차익을 안겨줄 것이다.

알고 보면 전부 흐름 투자

✓ 입지, 호재는 '나무'다.
✓ '숲(=흐름)'을 먼저 봐야 한다.
✓ 나무와 숲이 조화를 이루면 효과는 배가된다.

호재가 많은 곳에 투자해도 된다.

단, 호재만 보고 투자하면 목표한 수익률을 달성하기 위해서는

1년이 걸릴지 5년이 걸릴지 10년이 걸릴지 알 수 없다.

아파트투자로 부를 축적하기 위해서는 '지속적'으로 '안정적'인 수익을 창출해야만 한다. 그러기 위해서는 실패를 최소화하고 실수를 반복하지 않아야 한다. 투자의 세계에서 오래 살아남기 위한 방법을 제시한다. 마지막으로 흙수저들에게 가난에서 벗어나 '부'를 축적하고 경제적 여유를 가지는 것은 '운명'이 아닌 자신의 '선택'에 달려 있음을 강조한다. 지극히 평범했던 저자가 3년 만에 아파트 10채에 투자하며 한층 업그레이드된 삶을 살아가고 있음은 '부'를 '선택'하고 좇았기 때문이다. '부'를 위해서는 반드시 시장 참여자가 되어 자신의 미래에 투자하는 삶을 살아갈 것을 당부한다.

6장

초보 투자자들에게
당부하고 싶은 이야기

오래 살아남기 위해
꼭 해야 하는 것들

100세 시대에는 오래도록 수익을 창출할 수 있어야 한다.
투자 세계에서 오래 살아남기 위해 꼭 해야 하는 것들이 있다.

부동산투자는 성급하게 하면 안 되지만 이왕이면 조금이라도 더 빨리 접하는 게 좋다. 부동산투자로 얻는 수익은 시간이 지날수록 가속도를 높여 기하급수적으로 늘어나기 때문에 빨리 접한 사람과 그렇지 않은 사람의 격차는 점차 좁히기 힘들어질 것이다.

100세 시대인 요즘 직업 중에서 공무원이 각광받는 가장 큰 이유는 정년이 보장되어 오래도록 일할 수 있기 때문일 것이다. 부동산도 마찬가지로 대박을 터뜨리는 것도 좋지만 더 좋은 것은 꾸준히 오래도록 수익을 내는 것이다.

운이 좋아 투자 초반에 많은 수익을 내면 자만하기 쉽고, 자신이 실현한 수익에 대해 잘한 점과 못한 점을 되돌아보지 못하면 이후 자만심에 섣부른 투자를 하게 될 수도 있다. 운발 투자자가 아닌 진짜 투자자가 되고 오래도록 투자자로 살아남기 위해서는 지속적인 자기 관리가 필요하다. 그래서 오래 살아남기 위해 해야 한다고 생각하는 것들이 있다. 사소한 것 같지만 투자를 거듭하면 할수록 필요성을 느끼는 것들이니 참고하자.

정리하고
기록하라

첫째, 정리하고 기록하라. 요즘 SNS가 매우 활발하게 이루어지고 있다. "남는 건 사진밖에 없다"라며 친구들과 맛있는 음식을 먹어도 사진을 찍고, 여행을 가도 사진을 찍는다. 찍은 사진을 간단한 설명과 함께 SNS에 올린다. 이렇게 사진을 많이 찍고 남기는 이유는 주변 사람들과 일상을 공유하려는 이유도 있지만 이 순간을 기록하고 남겨놓음으로써 '지금'을 잊지 않고 나중에 되돌아보았을 때 추억을 회상할 수 있기 때문이다.

이렇게 현재를 기록해놓는다는 것은 분야를 막론하고 아주 의미 있고 유용한 일이다. 많은 사람이 다이어리, 블로그 같은 곳에 글을 남기는 이유다. 이는 아파트투자에서도 마찬가지인데 내가 분석해본 것들, 투자했던 것들, 임장 갔던 것들을 모두 기록해놓는 것이 좋다. 양식에 얽매일 필요도 없고 내용이 특별하지 않아도 되니 간단한 내용이라도 모두 기록하는 것이 좋다. 양식이나 정리 하는 요령은 자연스럽게 조금씩 늘어날 테니 일단 무엇이든 기록 해놓는 습관을 들이는 것이 좋다.

특히 아파트투자는 과거를 통해 현재를 공부하고 미래에 투자 하는 종목이라고 할 수 있다. 1년 전, 2년 전의 내 기록들을 보고 현재를 공부하면 앞으로의 투자에 큰 도움이 된다. 나는 고등학생 시절 이공계열에서 공부했는데 역사, 국사 과목은 정말이지 공부 해도 점수가 잘 나오지 않았고, 나와는 거리가 멀다고 생각했다. 그랬던 내가 아파트투자를 공부하면서 "역사는 반복된다"는 말을 몸소 느끼고 있다.

나는 자료를 정리하고 기록하기 위해 구글 드라이브, 에버노트 라는 2가지 프로그램을 사용한다. 두 프로그램 모두 무료 사용 범 위는 제한적이고, 기능을 충분히 활용하려면 유료로 이용해야 하 지만 커피값만 아껴도 될 정도로 부담이 크지 않다. 특히 에버노 트는 인터넷 뉴스 기사를 보다가 바로 스크랩할 수도 있고, 에버 노트 카메라 기능을 이용하면 문서와 명함 등을 바로 인식해 손쉽 게 자료정리가 가능해 아주 유용하게 사용하고 있다.

에버노트 외에도 유용한 프로그램(앱)들이 많으니 자신에게 맞는 것을 찾거나 단순히 컴퓨터에 파일로 저장해도 좋으니 계약서 사진, 현장 사진, 강의 자료, 임장 내용 등 아파트투자에 필요한 모든 정보를 반드시 정리·기록해놓자.

모의투자는
선택이 아니라 필수다

둘째, 모의투자를 꼭 해보라. 모의투자도 정리·기록의 한 종류라고 할 수 있는데 앞서 3장 '소액 분산투자의 중요성'에서 '경험'을 이야기했다. 투자금을 소액으로 분산해 투자하면 다른 장점도 있지만 같은 금액으로 경험 횟수를 늘릴 수 있어 공부가 좀더 많이 된다고 했다. 그런데도 투자금이 모두 떨어진다면? 혹은 애초부터 투자금이 모자란다면? 손을 놓아야 할까? 절대 그렇지 않다.

보통 투자금이 떨어지면 관심도 떨어지게 마련이다. 하지만 아파트투자는 지속적으로 관찰하며 시대 흐름에 맞춰 '대응'해야 하는 분야다. 따라서 추후에 투자금이 다시 마련되었을 때 투자 성공 확률을 높이기 위해 모의투자를 해볼 필요가 있다. 실제 내 돈이 투자된다고 생각하고 스스로 할 수 있는 만큼 분석해서 정리해보자.

완벽하려고 하지는 말자. 1~2년 뒤 다시 꺼내보았을 때 그동안 가격이 올랐는지, 떨어졌는지, 올랐다면 무엇 때문에 얼마만큼 올랐는지 확인할 수 있다. 가장 중요한 점은 그동안 자신이 얼마나 성장했는지 되돌아볼 수 있다는 것이다. 2~3년 전에 내가 나름대로 분석해 남겨놓았던 기록 일부를 보자.

당시 멘토에게 자문할 겸 만들었던 자료의 일부분이다.

광진구 구의동 현대 6단지 84제곱미터 단일평수 421세대 아파트

현대 6단지 603동 6층

매매 가격: 5억 3천만 원

전세 가격: 4억 9천만~5억 2천만 원

▷ 2년간 분기별 가격 변화(1분기/2분기/3분기/4분기)

• 매매가

2014년도: 5억~5억 5천만 원/없음/4억 9천만~5억 6천만 원/5억 1천만~5억 5천만 원

2015년도: 5억~5억 4,500만 원/5억 3천만~5억 7천만 원/5억~5억 7천만 원/5억 1천만~5억 5천만 원

• 전세가

2014년도: 3억 7천만~4억 원/3억 7천만~4억 4천만 원/3억 3천만~4억 1천만 원/4억~4억 4천만 원

2015년도: 4억 2천만~4억 5천만 원/4억 2천만~4억 3천만 원/4억 3천만~4억 8천만 원/4억 8천만~4억 9천만 원

- 현시세

  매매가 5억 3천~5억 8천만 원/전세가 4억 9천~5억 2천만 원

  * 지난 2년간 전세가는 약 1억 원 정도 상승했으나 매매가는
    큰 상승이 없어 전세가가 매매가를 밀어 올릴 수 있을 거라
    생각

▷ **매물현황**

- 매매: 물건 42건으로 나와 있으나 중복 물건 제외하면 20건
  전후(5% 정도)

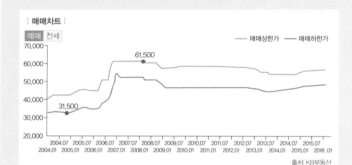

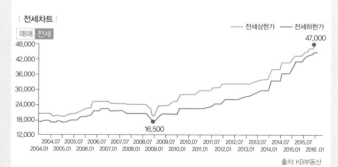

서울 광진구 구의동 현대 6단지 109m²(33평) 아파트에 대해 기록한 내용이다. 이 내용 외에 몇 가지를 더 분석해 글로 정리해놓았고, 투자를 고민했으나 당시 수중에 가진 투자금도 적고 경험도 많지 않았던 때라 5억 원대 금액을 감당하기에 다소 부담감이 있어 모의투자만 했었다.

정리해놓은 것을 보면 당시 6층이 5억 3천만 원에 매물로 나와 있었고, 전세는 5억~5억 1천만 원 정도로 맞출 수 있을 것 같다고 적어놓았다. 해당 아파트의 현재 시세를 살펴보자.

현재 시세는 9억 원이니 무려 4억 원이 올랐다. 아쉬운 마음도

: 광진구 구의동 현대 6단지 시세 :

매매	확인매물 18.08.16	현대6단지 남향 로열층 확장 탁 트인 조망권 양진광남…	103C/84	601동	중/18	⬆92,000 매경부동산	○○공인중개사… ○○-○○○○-○○○○
매매	확인매물 18.08.18	현대6단지 정남향 로열층 일반형 입주 가능 추천매매	103C/84	601동	중/18	90,000 부동산112	○○○공인중개사… ○○-○○○○-○○○○
매매	확인매물 18.08.02	현대6단지 세 끼고 매도, 주인 거주 올수리	103B/84	603동	중/25	90,000 매경부동산	부동산○○○… ○○-○○○○-○○○○

많고 '조금 더 공격적으로 할걸' 하는 생각도 들지만 한편으로는 다시 그 시절로 돌아가더라도 똑같이 투자를 하지 못했을 것이라는 생각이 들기 때문에 후회할 필요가 없다고 본다. 모의투자로 남겨두었던 자료를 보고 한 단계 성장할 뿐이다.

당시 자료를 보면 '지금이면 조금 더 성장해서 여러 지표를 꼼꼼하게 분석했을 텐데.' '저때까지만 해도 서울 중심지에 있는 아파트들도 매매, 전세가 상당히 붙어 있었구나.' '역시 같은 투자금이면 중심지로 들어오는 것이 좋겠구나.' 등의 생각을 한다. 그리고 공부하면서 한 단계 성장했고 '그래도 열심히 하려고 노력했구나.' 싶어 바쁘게 열심히 살아온 나 자신을 위로한다. 투자에 관한 내용이지만 그 시절 나의 가장 큰 관심사였기 때문에 '일기'가 될 수도 있다.

이는 몇 년이 지난 지금 이루어낸 성과가 크든 작든 성장하기 위해 조금씩, 조금씩 노력해온 스스로를 생각하며 뜻깊은 자아성찰의 시간을 갖는 계기가 된다. 또다시 한 걸음 나아갈 수 있는 원동력이 되기도 한다.

모의투자에 대해 이야기했지만 같은 방법으로 '투자 물건 복기'를 할 수도 있다. 투자했던 물건을 되돌아본다는 의미다. 자신이 투자하고 매도까지 한 뒤 만족할 만한 성과가 있었다면 '충분한 성과가 나올 수 있었던 요인'은 무엇인지, '더 좋은 성과를 낼 수 있는 방법'은 없었는지 되돌아본다. 성과가 부족했다면 그 이유가 무엇인지 공부하고 정리·기록해놓음으로써 다음 투자의 성공 확률을 더 높일 수 있도록 해야 한다.

아파트투자는 이미 내 인생에서 상당 부분을 차지하고 있고, 앞으로도 마찬가지일 것이다. 그런 나에게 아파트투자는 단지 '돈 버는 수단'을 넘어서 훗날 나를 돌아보았을 때 '열심히 잘 살았구나'라고 생각할 수 있는 삶을 살기 위한 '삶의 수단'이다. 여러분도 사소한 것 같지만 절대 사소하지 않을 지금을 정리하고 기록하는 습관을 들이기 바란다.

오래 살아남기 위해서

✓ 정리하고 기록하라.
✓ 모의투자를 하라.
✓ 투자 물건을 복기하라.
✓ 무엇이든 남겨놓는 습관을 들여라.

가난은 운명이 아니라
선택이다

'흙수저'에서 머물지, 아니면 멋지게 '자수성가'할지
그 모든 것은 당신의 '선택'에 달려 있다.

메리츠자산운용사의 존 리 대표는 "우
리나라는 좋은 대학에 가기 위한 학구열은 어느 나라보다도 높지
만 국민소득에 비해 금융지식은 문맹 수준으로 국민 대부분이 자
본주의를 이해하지 못하고 있다"고 말했다. 죽어라고 공부해서 취
업한 직장에서 받는 월급만으로 생계를 유지하며 평생 돈 걱정을
안고 산다는 것이다.

직장에 다니는 것은 생계를 위한 일이니 잘못되었다고 할 수 없
지만, 직장이 있다면 이제는 주식이든 부동산이든 경제에 관심을
두어야 한다. 돈 있는 사람이 돈을 버는 사회라는 것을 하루빨리

깨닫고 자본주의 사회에 뛰어들어 중산층 이상으로 살아갈 수 있도록 미래를 대비해야 한다. 즉 '시장 참여자'가 되어야 한다.

'바람'을 '바람'에서 멈추지 마라

나는 중산층, 아니 그 이상이 되기 위해 '아파트투자'를 선택했고, 그렇게 내 이름으로 된 첫 아파트를 가진 뒤로 딱 3년이 지났다. 지난 3년간 많은 것이 바뀌었다. 사랑하는 사람과 결혼했고, 혼자 힘으로 내집을 마련했으며, 아파트투자는 내 삶의 일부가 되었다.

은행 예·적금으로는 모을 수 없는 자산을 모았고, 앞으로는 더욱 빠르게 자산을 불려나갈 것이다. 그저 평범한 26세 사회 초년생이었던 나는 아파트투자로 금전적인 부분은 물론이고 삶 자체가 한층 업그레이드되었다.

나는 20대 초반 군에 있을 때 처음으로 간절한 꿈이 생겼고, 운 좋게도 그 꿈을 비교적 빨리 이루었다. 그렇게 간절히 바라는 것을 이루었을 때 느꼈던 만족감과 행복감, 감격은 잊을 수 없는 기억이 되었다. 무엇보다 그 꿈을 이룬 뒤부터 펼쳐진 내 인생을 되돌아보면 열심히 살아야겠다는 생각을 할 수밖에 없었다. 그때 그 꿈을 이루지 못했다면 지금의 나는 없었을 테니 말이다.

그 뒤로 나는 항상 목표를 세우고 자기계발을 하며 성장하는 삶을 지향하게 되었다. 아파트투자도 나의 새로운 꿈을 이루기 위한 '수단'이다. 처음에는 단순히 성공하고 싶고 돈을 많이 벌고 싶어 시작했다. 그렇게 부를 축적해 여유가 생기면 우리 가족과 주변에 있는 내 사람들과 보내는 행복한 시간을 조금씩 늘려가며 행복하게 살고 싶었다.

이는 모든 사람이 이루고 싶은 '바람'일 것이다. 다른 점이 있다면 나는 다른 사람들처럼 '바람'에서 끝나지 않고, 그 '바람'을 이루기 위해 아파트투자라는 것을 조금 더 열심히 해보기로 마음먹은 것이다. 그렇게 아파트투자로 나의 '바람'에 한 걸음씩 가까워지고 있다. 그런데 아파트투자에 대해 공부를 시작한 뒤로 단순히 돈을 버는 수단을 넘어 나에게 여러 변화가 생겼다.

'주택'은 우리 삶에 필수 요소이고, 그 중에서도 '아파트'는 우리나라 사람 60% 이상이 거주하는 주거 형태다. 이렇게 우리 삶과 밀접한 분야에 대해 공부한다는 것은 그만큼 많은 사람에게 인정받을 수 있다는 말이기도 하고, 그만큼 많은 사람에게 도움을 줄 수 있다는 말이기도 하다.

특히 '집'이라는 큰 부분에서 내가 누군가에게 도움을 줄 수 있다는 것은 도움을 받는 사람에게도, 나에게도 매우 의미 있는 일이다. 내가 가진 지식과 경험으로 누군가를 도움으로써 느낄 수 있는 행복감은 '수준 높은 행복감'이라고 생각한다.

아파트투자를 하다보면 정말 부지런하고 열정적인 사람들을 많이 볼 수 있다. 아파트투자를 하려면 경제 뉴스, 커뮤니티 활동, 강의, 독서, 스터디, 시세 파악, 통계 공부, 현장 임장, 투자 등 해야 할 일이 매우 많기 때문이다. 그 덕분에 세상 전반에 대해 많은 것을 배울 수 있다.

환경이 중요하다고 했다. 나는 스스로 정신력이 강한 사람은 아니라고 생각한다. 그런데 주변에 열정적으로 사는 사람들을 보면 자극을 받고 다시 시작하게 된다. 열정적인 삶을 살아가는 '환경'이 갖추어진 것이다.

누군가에게 도움을 줄 수 있는 사람이 되었다는 것과 열정적으로 살게 되었다는 사실이 중요하다. 물질적인 것들을 떠나서 자존감이 높아져 내 삶 자체에 대한 만족도가 높아진다는 것을 의미하기 때문이다.

흙수저는
운명이 아니라 선택이다

이렇게 아파트투자를 통해 나는 외적으로뿐만 아니라 내적으로도 성장하는 삶을 살고 있다. 문득 주변을 돌아보다가 3년 전 '나'를 생각하며 비슷한 처지에 있는 사람들에게 자본주의를 이해시키고 조금이나마 도움이 되고 싶다는 생각이 들었고, 방법을 고민하다가 결국 '작가'라는 새로운 꿈을 꾸게 되었으며 지금 그 꿈을 이루고 있다.

평범한 26세 직장인이었던 나의 삶은 3년 만에 많은 부분이 바뀌었다. 이러한 결과들을 만들어낼 수 있었던 것은 남들과 달리 자본주의에 한 발 내디뎌보기로 '선택'했기 때문이다. 내가 처음 부동산에 관심을 가졌을 때 머리 아프게 살지 말고 그냥 남들처럼 월급 받아 저축하고 평범하게 살아갈지, 조금 복잡하고 피곤할 수 있겠지만 시도라도 해볼지 2가지 선택의 기로에 있었다. 다행히 나는 후자를 선택했고, 그 한 번의 선택 덕분에 3년간 변화를 이룰 수 있었다.

두려움은 경험하지 못했을 때 가장 크다고 했다. 막상 겪어보면 대부분 별것 아니라는 것이다. 내가 만약 평범하게 살기로 선택했다면 나는 여전히 남들과 다름없이 직장생활을 하고 미래를 걱정하며 적은 월급에 전전긍긍하며 투덜대고 있었을 것이다. 두려움은 잠깐이고, 두려움에 도전한 사람이 얻은 결과물은 인생을 바꿀 수 있다.

지극히 평범했던 나도 해냈는데 여러분이라고 못할 것 같은가? 요즘 같이 취업하기도 힘든 세상에서 우리 같은 흙수저가 부자가 되는 것이 불가능하다고 생각하는가? 이것은 '운명'의 문제가 아니라 '선택'의 문제다.

나는 흙수저로 태어났기 때문에 더욱 악착같이 살아서 반드시 자수성가하겠다는 생각을 하게 되었다. 이미 금수저로 태어난 사람이 돈을 더 많이 버는 것보다 흙수저로 태어난 내가 스스로 경제적 자유를 누릴 만큼 성공한다면 그게 더욱 멋진 삶이라고 생각하고, 그로써 얻는 뿌듯함은 상상 이상일 것이라고 본다. 그날을 위해 오늘도 열심히 달려가고 있다.

'자수성가'라는 말이 있다. 생소한 단어도 아니고, 특별한 단어도 아니다. 하지만 나에게만큼은 나를 가장 뜨겁게 하고, 모든 열정의 원동력이 되며, 반드시 증명해 보이고 싶은 단어다. 언젠가 "1억으로 10억 만들기보다 처음 1억 모으기가 더 힘들다"는 말을 들은 적이 있다. 처음이 힘들다는 얘기다.

나도 아직 자수성가를 이룬 것은 아니지만 조금씩 이루어나가는 사람으로서, 처음 시작하려 할 때 두렵고 망설여지지만 막상 시작하고 나면 점점 흥미가 생기고, 자신감이 생기고, 무엇보다 삶을 대하는 태도가 달라지면서 미래에 대한 기대감이 생기게 된다는 것을 말해주고 싶다.

우리 사회는 점점 양극화가 심화되고 있다. 내가 사는 부산만 보더라도 양극화가 급속도로 진행되고 있다. 2013년에는 아파트가 $3.3m^2$당 1천만 원이면 비싸다고 했다. 그런데 그 아파트가 지금은 $3.3m^2$당 2천만 원을 눈앞에 두고 있다. 불과 5년 사이에 벌어진 일이다. 그렇기 때문에 우리는 조금이라도 빨리 시장에 참여해야 하고, 미래를 대비해야 한다.

아파트투자를 하려고 특출 나게 머리가 좋을 필요는 없다. 꾸준한 열정만 있으면 누구나 성과를 낼 수 있는 분야가 바로 아파트투자다. 현실에 안주하지 말고 시장에 참여해 자신의 미래에 투자하는 현명한 사람이 되자.

집 없이 살 수 없고 큰돈이 들어가는 만큼

주택에 대한 공부와 관심은

선택이 아니라 필수다.

■ 독자 여러분의 소중한 원고를 기다립니다

메이트북스는 독자 여러분의 소중한 원고를 기다리고 있습니다. 집필을 끝냈거나 집필중인 원고가 있으신 분은 khg0109@hanmail.net으로 원고의 간단한 기획의도와 개요, 연락처 등과 함께 보내주시면 최대한 빨리 검토한 후에 연락드리겠습니다. 머뭇거리지 마시고 언제라도 메이트북스의 문을 두드리시면 반갑게 맞이하겠습니다.

■ 메이트북스 SNS는 보물창고입니다

메이트북스 홈페이지 www.matebooks.co.kr

책에 대한 칼럼 및 신간정보, 베스트셀러 및 스테디셀러 정보뿐만 아니라 저자의 인터뷰 및 책 소개 동영상을 보실 수 있습니다.

메이트북스 유튜브 bit.ly/2qXrcUb

활발하게 업로드되는 저자의 인터뷰, 책 소개 동영상을 통해 책에서는 접할 수 없었던 입체적인 정보들을 경험하실 수 있습니다.

메이트북스 블로그 blog.naver.com/1n1media

1분 전문가 칼럼, 화제의 책, 화제의 동영상 등 독자 여러분을 위해 다양한 콘텐츠를 매일 올리고 있습니다.

메이트북스 네이버 포스트 post.naver.com/1n1media

도서 내용을 재구성해 만든 블로그형, 카드뉴스형 포스트를 통해 유익하고 통찰력 있는 정보들을 경험하실 수 있습니다.

메이트북스 인스타그램 instagram.com/matebooks2

신간정보와 책 내용을 재구성한 카드뉴스, 동영상이 가득합니다. 각종 도서 이벤트들을 진행하니 많은 참여 바랍니다.

메이트북스 페이스북 facebook.com/matebooks

신간정보와 책 내용을 재구성한 카드뉴스, 동영상이 가득합니다. 팔로우를 하시면 편하게 글들을 받으실 수 있습니다.

STEP 1. 네이버 검색창 옆의 카메라 모양 아이콘을 누르세요.   STEP 2. 스마트렌즈를 통해 각 QR코드를 스캔하시면 됩니다.
STEP 3. 팝업창을 누르시면 메이트북스의 SNS가 나옵니다.